平成29年改訂

小学校教育課程実践講座

体育

岡出 美則 編著

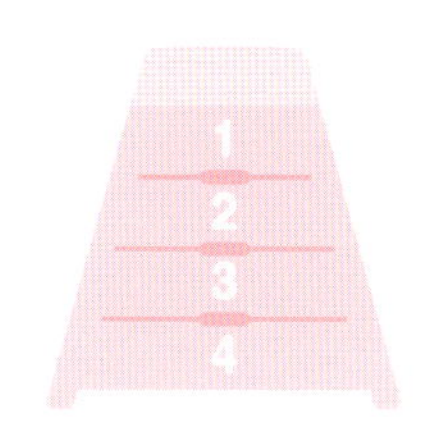

ぎょうせい

はじめに

日本では，約10年に一度，学習指導要領が改訂されてきた。しかし，先の改訂は2008年であり，今回は10年を経ずに新学習指導要領が改訂された。では，学習指導要領が変わることで何が変わるのであろうか。

本書は，日々，児童に接し，児童の笑顔を求め，体育の授業に熱心に取り組んでいる教師が執筆者を占めている。経験に裏打ちされた，わかりやすい表現により，質の高い体育の授業を展開していくために教師が育つことを願い，教師として身に付けていくべき知識や技能を伝えたいとの思いが，そこには込められている。しかし，記述内容は，個人的な経験のみに基づくものではない。

今回の学習指導要領の改訂では，実に多様で，急速な変更がなされている。社会の急速な変化を見据え，外国語に加え，特別の教科としての道徳が導入されたことは，その例である。加えて，個々の教科の枠を超え，知識及び技能，思考力，判断力，表現力等並びに学びに向かう力，人間性等という，資質・能力の三つの柱に即して目標並びに指導内容が整理された。また，この整理に対応して，「各教科の見方・考え方」という考え方が提案された。その結果，見方・考え方を働かせる学習過程を通して，生涯にわたり心身の健康を保持増進し豊かなスポーツライフを実現するための資質・能力につなげることが体育では意図されることになった。

しかし，資質・能力の三つの柱に即して三つの指導内容を明記した教科は，体育のみである。このことは，体育は，複数の指導内容をバランスよく指導することを求められる，指導が難しい教科であることを示している。

このような記述を目にすると，体育の目標や指導内容が現行学習指導要領のそれと全く別物になるような印象をもつ方もおられるであろう。しかし，何事も，現在の上に次の変化が積み重ねられていく。実際，現行学習指導要領の記述並びにそれを踏まえた実践の蓄積の上に，今回の改訂も位置付く。だからこそ，体育は，他教科とは異なり，資質・能力の三つの柱に即した指導内容の全てを提示することが可能になったともいえる。

実際に授業を行うためには，改訂の必要性の説明のみでは不十分である。具体的な目標，内容の提案，さらには授業の進め方に対する柔軟で多様なアイデアは，教員としての責務を共有化し，達成していくためには不可欠である。他方で，今，学校で派生している現実にも目を向ける必要がある。教員の多忙化はその一例である。同時に，教員の世代交代にも目を向ける必要がある。大量に採用される若手教員に対して，教員としての自覚や達成感を保証する役割を担う中堅層の少なさが問題にされて久しい。日本の教員や授業の質は，国際的にも高く評価されている。しかし，それを支えてきたのは，教員を育てる人材であり，その人材を育てるシステムである。そのシステムが制度疲労を起こしているのであれば，期待している成果を得ることは難しい。加えて，新たに教員になる若者の価値観の変化にも目を向ける必要がある。企業で指摘される，ほどほどに，目立たないようにしたいという風潮に対して，協働して仲間と一緒に達成できる経験を保証していくことで離職率を下げる試みもなされている。

体育の授業は，児童の変化が目に見える点で面白い。工夫のしがいがある。しかも，一緒に語り合える同僚がいる。その同僚との会話には，本書は欠かせない。そんな一冊になってほしいと願っている。

編著者　**岡出美則**

目　次

第３章　学習指導要領が目指す新しい体育科の授業【事例】

第４章　学習指導要領を活かす体育科のカリキュラム・マネジメント

第1章

体育科の学習指導要領を読む

第1節
学習指導要領が目指す新しい体育科の授業
――資質・能力ベースでの学びづくり――

1　今，なぜ資質・能力か

Q　新学習指導要領が目指す資質・能力とはどのようなものですか。また，体育科の見方・考え方はどのようなものですか。

キーワード
「生きる力」
「総合的な学習の時間」
「資質・能力の育成」
「見方・考え方」

平成10（1998）年に創設された総合的な学習の時間は，そのねらいを「自ら課題を見付け，主体的に判断し，問題解決ができる資質や能力を育てること」としている。資質・能力は，古くて新しい教育課題である。では，なぜ資質・能力の育成が求められているのだろうか。それは，「生きる力」をより一層具体化されたものであると考えられる。

だが，その理念の実現は，不十分であった。そこで，平成20（2008）年・21（2009）年の改訂でも，資質・能力の育成に関する内容が取り上げられ，児童の思考力，判断力，表現力等を育む観点から，各教科を貫いて言語活動の充実を位置付けるといった改善が行われた。しかしながら，各教科ごとに教えるべき内容に目が向きがちな状況を改めるには至らなかった。

こうした経緯の中で，平成25（2013）年度以降の全国学力・学習状況調査において「総合的な学習の時間の取組が充実している学校ほど学力，特に，活用型の学力が高い。」という結果が報告された。また，総合的な学習の時間の充実と生きる力の育成との相関は，日本生活科・総合的学習教育学会の「総合的学習で育った学力調査」でも示されるなど，資質・能力の育成に向けた取組が継続的に求められている。

では，なぜ今，資質・能力の三つの柱「知識及び技能」「思考力，判断力，表現力等」「学びに向かう力，人間性等」が求められているのであろうか。それは，この時代の先行きがこれまでの20年以上に危惧される未来が想定されているからである。例えば，次のように特徴付けられる社会である。

・知識基盤社会の到来
・情報化やグローバル化の進展
・人工知能（ＡＩ）の進化

様々な変化が予測困難なほどに加速度的に進み，快適さや便利さがもたらされる一方，解決が難しい幾多の問題が生じている。

このような社会では，直面する課題を主体的に解決していく資質・能力が一層求められることになる。

そこで，学校教育としてなすべきことを幼・小・中・高等学校を通して総点検したのが，今回の学習指導要領改訂の出発点であった。

学校教育全体で育成すべき資質・能力を明示することで，個々の教科はその実現に向け，どのように貢献できるのかが問われることになった。この解答を示す手がかりが「見方・考え方」であった。個々の教科は，教科の授業を通して，教科固有の指導内容を指導し，独自に資質・能力の三つの柱の育成に貢献することになる。この独自の貢献の仕方が「見方・考え方」として表現されることになった。

資質・能力の三つの柱を幼・小・中・高等学校において育むことによって「先行き不透明な時代において，どのような課題に遭遇しても決してあきらめることなく，かといって一人で背負い込むことなく，多様な人と関わりコミュニケーションを取りながらよりよい解決策を見出していこうとする考え方や生き方」が身に付けられていくのである。

体育科の見方・考え方

(1)　体育

生涯にわたる豊かなスポーツライフを実現する観点を踏まえ，

「運動やスポーツの価値や特性に着目して，楽しさや喜びとともに体力の向上に果たす役割の視点から捉え，自己の適性等に応じた『する・みる・支える・知る』の多様な関わり方と関連付けること」

と整理することができる。

(2)　保健

疾病や傷害を防止するとともに，生活の質や生きがいを重視した健康に関する観点を踏まえ，

「個人及び社会生活における課題や情報を，健康や安全に関する原則や概念に着目して捉え，疾病等のリスクの軽減や生活の質の向上，健康を支える環境づくりと関連付けること」

と整理することができる。

見方・考え方については，中央教育審議会答申において，

「“どのような視点で物事を捉え，どのような考え方で思考して

　いくのか”という，物事を捉える視点や考え方」
と記されている。

2　育成を目指す資質・能力の三つの柱とは

Q　新学習指導要領が目指す資質・能力の三つの柱とはどのようなものですか。

キーワード
「知識及び技能」
「思考力，判断力，表現力等」
「学びに向かう力，人間性等」

　様々な資質・能力は，
　①教科等の学習から離れて単独で育成されるものではなく，関連が深い教科等の指導内容と関連付けながら育まれるものである。
　②資質・能力の育成には知識の質や量が重要である。
と中央教育審議会答申では指摘している。
　全ての教科（横軸とする）と校種（縦軸とする）を越えて貫き，教科等を学ぶ本質的意義を示す「見方・考え方」を縦軸と横軸をつなぐ架け橋と位置付けることが重要である。
　従来は，学習する内容の系統性・関係性を要に各教科のつながり，各校種で重視する学びが記されてきた。今回は，「教科等を学ぶ本質的意義を示す『見方・考え方』を要に教科等の学びが整理」された。さらに，「幼児期の終わりまでに育ってほしい姿」や初等中等教育を終了するまでに育成を目指す資質・能力が明確にされた。

育成を目指す資質・能力の三つの柱は，次のとおりである。

⑴　何を理解しているか，何ができるか（生きて働く「知識及び技能」の習得）

教科等において習得する知識や技能であるが，個別の事実的な知識のみを指すものではなく，それらが相互に関連付けられ，さらに社会の中で生きてはたらく力となる。基礎的・基本的な知識を着実に習得しながら，既存の知識と関連付けたり，組み合わせたりしていくことにより，学習内容の深い理解と，個別の知識の定着を図るとともに，社会における様々な場面で活用できる概念としていくことが重要となる。

⑵　理解していること・できることをどう使うか（未知の状況にも対応できる「思考力，判断力，表現力等」の育成）

将来の予測が困難な社会の中で未知の状況に出合っても決して怯まず・諦めることなく，既有の体験や知識及び技能を生かして解決策を自ら考えた上で，一人で背負っていこうとせずに多様な他者とかかわり，対話を繰り返しながらよりよい解決策を見いだしていこうとする生き方を支えるものである。大きく分類して以下の三つの過程がある。

①対象のかかわりを通して問題発見・解決を探究的に行う。

②個人の考えを形成した上で伝え合いにより集団としての考えを形成する。

③一人一人の思いや願いを基に意味や価値を創造する。

⑶　どのように社会・世界と関わり，よりよい人生を送るか（学びを人生や社会に生かそうとする「学びに向かう力，人間性等」の涵養）

学習意欲や自己統制力，自己を客観的に捉える力，人間関係形成力，多様性を尊重する態度や互いのよさを生かして協働するする力，持続可能な社会づくりに向けた態度，リーダーシップやチームワークなどを指す。一人一人が幸福な人生を自ら創り出していくためには，情意面や態度面について，自己の感情や行動を統制する力や，よりよい生活や人間関係を自主的に形成する態度等を育むことが求められる。

3　資質・能力の三つの柱の関係

資質・能力の三つの柱をどのように捉えればよいでしょうか。

キーワード

資質・能力は……

・学校教育全体で育む　・教科等を横断する柱である

・全ての教科等に共通する　・相互関連的に成長する

(1)　資質・能力は学校教育全体で育むことを意図している。資質・能力を育成するために指導する内容は，毎時間，同じ重さで設定されているわけではない。

(2)　カリキュラム・マネジメントともつながるが，資質・能力は，教科等を横断する柱である。

(3)　資質・能力の三つの柱は，全ての教科等に共通するものである。

①教科等において育む資質・能力

②教科等を越えた全ての学習の基盤として育まれ活用される資質・能力

③現代的な諸課題に対応して求められる資質・能力

これからの教育課程や学習指導要領等は，学校教育を通じて子供たちが身に付けるべき資質・能力や学ぶべき内容などの全体像を分かりやすく見渡せる「学びの地図」として，教科等や学校段階を越えて教育関係者間が共有したり，子供自身が学びの意義を自覚する手掛かりを見いだしたり，家庭や地域，社会の関係者が幅広く活用したりできるものとなることが求められている。

「学びの地図」としての学習指導要領の要こそ，資質・能力の三つの柱である。

⑷　資質・能力の三つの柱は，生涯を通して，相互に絡み合い，循環しながら成長していく。

中央教育審議会の審議の過程で，人間性等の情意にかかわる部分の指導を具体的にどうするのかという意見がみられた。これに対し，『学校における学びには必ずこの三つの面があり，それは，相互につながりながら伸びていくものである。だから，三つの面のそれぞれを取り出して，それぞれの完成形を目指す必要はない。児童の発達の段階や学習内容によって，それぞれの柱の特徴を見極めながら重点をおいて指導をすべきである。』と指摘された。

4　資質・能力の三つの柱を身に付けた子供像

Q　資質・能力の三つの柱に沿って育てたい子供の姿とは，どのようなものでしょうか。

「どのような課題に遭遇しても決してあきらめることなく，かといって一人で背負い込むことなく，多様な人と関わりコミュニケーションを取りながらよりよい解決策を見出していこうとする」生き方に向かって歩もうとする次代を担う社会人を育てようとしているのである。

それは子供や地域の実態に応じて，カリキュラム・マネジメントの中心である学校教育目標等として教育課程に具体化されるものである。

5　体育科の目標

Q　体育科の目標は，どのように示されましたか。

体育科では体育や保健の見方・考え方を働かせ，課題を見付け，その解決に向けた学習過程を通して，心と体を一体として捉え，生涯にわたって心身の健康を保持増進し豊かなスポーツライフを実現するための資質・能力を育成することが，目標として次のように示されている。

⑴　その特性に応じた各種の運動の行い方及び身近な生活における健康・安全について理解するとともに，基本的な動きや技能を身に付けるようにする。（知識及び技能）
⑵　運動や健康についての自己の課題を見付け，その解決に向けて思考し判断するとともに，他者に伝える力を養う。（思考力，判断力，表現力等）
⑶　運動に親しむとともに健康の保持増進と体力の向上を目指し，楽しく明るい生活を営む態度を養う。（学びに向かう力，人間性等）

⑴～⑶の目標が相互に密接な関連をもちつつ，体育科の究極の目標である，生涯にわたって心身の健康を保持増進し豊かなスポーツライフを実現するための資質・能力の育成を目指すことを示している。

≪児童の具体的な姿≫

課題を見付ける	課題解決に向けて思考し判断する	自己の課題について思考，判断したことを言葉や文章，動作で伝える
膝を伸ばして前転をしたいのだけれど，どうしても曲がってしまう。どうしたらいいかな。	膝を伸ばすためには，手をつく位置を遠くにしたらいいかもしれないな。	分かった！ ぼくは手をつく位置を遠くにして，つま先を伸ばすようにしたら膝が伸びたよ。

第2節
学習指導要領が目指す体育科で育てる資質・能力

1　体育科の成果と課題について

これまでの成果は，

①体力の低下に歯止めがかかったこと。
②「する・みる・支える」のスポーツとの多様な関わりの必要性や公正，責任，健康・安全等，態度の内容が身に付いていること。
③健康の大切さへの認識や健康・安全に関する基礎的な内容が身に付いていること。

などである。一方，課題は，

①学習したことをわかりやすく伝えること等。
②体力水準が高かった昭和60（1985）年頃と比較すると依然低い状況にあること。
③社会の変化に伴う新たな健康課題に対応した教育が必要であること。

などである。

2　改訂のポイント

キーワード
・資質・能力に即して目標が整理

・知識及び技能　→　「わかる」と「できる」を関連付けて指導
・「表現力」→　言葉や動作，絵等を介して自分の考えていることや他人の考えている内容を多様な方法で表現する
・スポーツの意義や価値

以上を踏まえ，新学習指導要領では，運動や健康に関する課題を発見し，その解決を図る主体的，対話的で深い学びを通して授業改善を行い，「知識及び技能」「思考力，判断力，表現力等」「学びに向かう力，人間性等」を育成することが目標として示された。

資質・能力の三つの柱に即して目標が整理されたことで，体育の授業で教える知識の位置付けが明確になった。“わかる”と“できる”とを切り離さず，どのように関連付けて指導し，適切に評価するかが重要となってくる。

また，「表現力」が加わったことで，言葉や動作を介して自分や仲間の考えたことを他者に伝えることが求められるようになった。

さらに，「学びに向かう力，人間性等」については，概ね現行の態度の内容を引き取ったといえる。なお，オリンピック・パラリンピックに関する指導については，各領域の指導内容と関連させながら，運動を通してスポーツの意義や価値に触れるような指導が求められている。

3　体育科で育てる資質・能力とは

中央教育審議会答申によると，「小学校運動領域については，運動の楽しさや喜びを味わうための基礎的・基本的な『知識・技能』，『思考力・判断力・表現力等』，『学びに向かう力・人間性等』の育成を重視する観点から，内容等の改善を図る。」とある。また，保健領域については，「身近な生活における健康・安全についての基礎的・基本的な『知識・技能』，『思考力・判断力・表現力等』，『学びに向かう力・人間性等』の育成を重

視する観点から，内容等の改善を図る。」とある。

体育科で育てる資質・能力は，運動の楽しさや喜びを味わうための基礎的・基本的な資質・能力であるとともに，身近な生活における健康・安全についての基礎的・基本的な資質・能力であるということを念頭においておく必要がある。

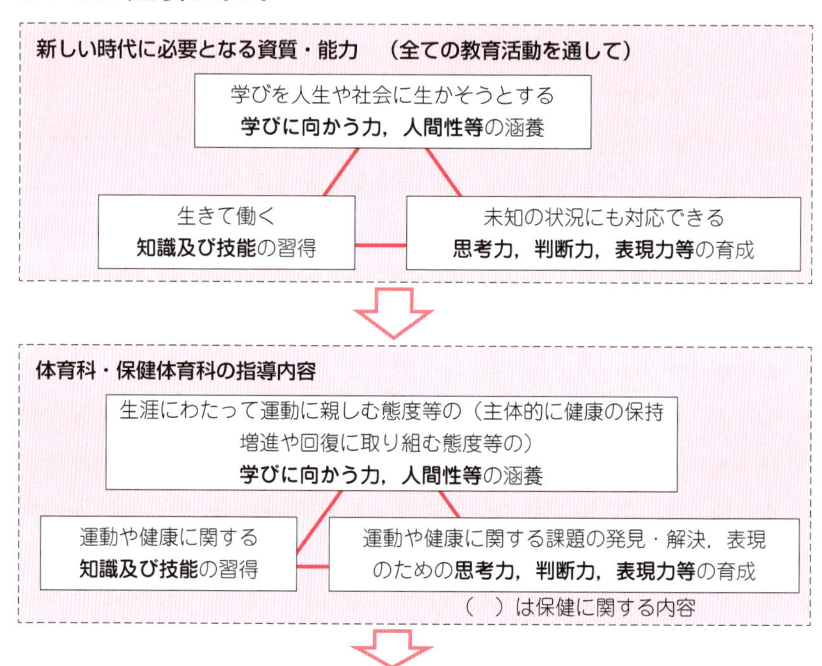

小学校　体育

運動の楽しさや喜びを味わうための基礎的・基本的な
（身近な生活における健康・安全についての基礎的・基本的な）
学びに向かう力，人間性等の涵養

運動の楽しさや喜びを味わうための基礎的・基本的な（身近な生活における健康・安全についての基礎的・基本的な）
知識及び技能の習得

運動の楽しさや喜びを味わうための基礎的・基本的な（身近な生活における健康・安全についての基礎的・基本的な）
思考力，判断力，表現力等の育成

資質・能力のイメージ

4　各領域で育てる資質・能力の具体的な姿

(1)　体つくりの運動遊び，体つくり運動　51ページ参照

知識及び運動	○いろいろな動きをやってみました。１人でやったり友達とやったりできました。 ○リズムよくはねながら右回りに½回転，左回りに½回転，右回り・左回りの連続回転跳びができました。 ○巧みな動きを高めるために長なわを跳びながら短なわを跳ぶことができました。
思考力，判断力，表現力等	○楽しくできる遊び方を選んでやりました。上手な友達を見付け，「一緒にやろう」と言えました。 ○できるようになりたい運動を選んで工夫してやりました。友達とこつを伝え合ってできました。 ○自分の体力に合った課題を選んでやりました。友達に教えてもらった工夫の仕方でうまくできました。その工夫の仕方を他のグループにも伝えることができました。
学びに向かう力，人間性等	○進んで運動できました。 ○きまりを守って，周りの安全に気を付けてできました。 ○誰とでも仲よく運動できました。 ○友達と一緒に協力して準備や片付けができました。

(2)　器械・器具を使っての運動遊び，器械運動　58ページ参照

知識及び技能	○登り棒で今までで一番高く上がれました。登り棒は楽しいです。 ○跳び箱の奥の方に手を着けるようになったら跳べるようになりました。 ○両足で強くけり，膝を伸ばすようになれたので，前転にいきおいがつきました。
思考力，判断力，表現力等	○友達が上手だったので同じように両手を広げてやってみました。 ○坂道マットで練習したら，とても回りやすくなりました。 ○腰が頭の位置を越えたらはねて，手で突き放すことがポイントだと分かりました。
学びに向かう力，人間性等	○友達と２人でマットを運んだから，すぐに用意ができました。 ○友達と励まし合ったり，補助し合ったりして練習しました。

	○友達に助言してもらったり，補助してもらったりしたので，安心して練習できました。

(3)　走・跳の運動遊び，走・跳の運動，陸上運動　64ページ参照

知識及び技能	○ジグザグでも気持ちよく走れるようになりました。 ○自分に合ったコースでミニハードルを３歩のリズムで走り越えることができました。 ○助走のリズムがよくなったので，踏切ゾーンで踏み切って跳ぶことができるようになりました。
思考力，判断力，表現力等	○輪の並べ方をいろいろ変えてみたらもっと楽しくなりました。 ○３歩の助走で上手に踏み切れるよう，輪を使った場を選んで練習しました。 ○上手な友達の跳び方からハードルを素早く跳ぶポイントを見つけました。
学びに向かう力，人間性等	○リレーでは負けたけど，次はみんなで力を合わせてがんばります。 ○リレー競争のときは，同じチームの友達に大きな声で応援することができました。 ○計時やスターター，記録など，みんなで役割を分担しながらリレーをしました。

(4)　水遊び，水泳運動　70ページ参照

知識及び技能	○みんなで鬼遊びをして，水の中で歩いたり，走ったりすることが大変なことが分かりました。 ○蹴伸びで壁を蹴った後は，プールの底の線を見るとうまく浮いて進むことが分かりました。 ○平泳ぎでは，足の動きと手の動きが合うとうまく泳げることが分かりました。
思考力，判断力，表現力等	○友達が水の中で目が開けられないので，私が水の中で指を出して何本か当てるように教えました。 ○バタ足の練習では，水中で友達の蹴り方を見て，ひざを曲げないようにアドバイスできました。 ○平泳ぎであおり足になってしまうので，友達に足の裏で水を押し出しているか見てもらいながら練習しました。
学びに向かう力，人間性等	○ペアやグループの友達と音楽に合わせて楽しくリズム水遊びができました。 ○自分が泳げるクロールのコースを選んで，何度も練習しました。

	○ペアで学習している友達が，平泳ぎの足のかき方を諦めずに練習していたのでこつを教えてあげました。

(5)　ゲーム，ボール運動

76ページ参照

知識及び技能	○相手をかわすために，走る速さを変えたり，急に曲がったりすることができました。空いている場所を見付けて，走り抜けることもできました。 ○シュートを行いやすい場所に素早く動いて，味方からパスをもらうことができました。 ○ボールの方向に体を向けて，素早く移動することができました。
思考力，判断力，表現力等	○ゲームの規則や作戦についての自分の考えを友達に伝えることができました。 ○自分たちにあったゲームになるようにルールを工夫することができました。 ○課題解決のために，作戦を立て，自分の考えや仲間の考えたことを他の人に伝えることができました。
学びに向かう力，人間性等	○勝敗を受け入れ，誰とでも仲良く笑顔でゲームをすることができました。 ○友達と協力してゲームをできました。友達のよいところを見付けることができました。 ○ゲームや練習を行う中で，友達の動きを見合ったり，話し合ったりしながら，仲間の考えや取組を認めることができました。

(6)　表現・リズム遊び，表現運動

83ページ参照

知識及び技能	○ロックのリズムに乗って踊ることができました。曲が変わったら，それに合わせて動きを変えました。 ○リズムに乗ってのりのりで踊りました。体をひねったり，回ったりして踊りました。 ○ポップコーンができる場面で，体を小さくしたり，思いっきりはじけたりしながらひとまとまりの動きができました。
思考力，判断力，表現力等	○友達の動きがよかったので，クラスのみんなに教えました。 ○サンバのリズムで友達とステップをふんで踊りました。二つのグループで一緒に踊ったら楽しかったです。 ○みんなでそろって踊るために，言葉でリズムをとりながら練習しました。 ○私たちのグループは，花火をみんなで一斉に飛び出す

	ように工夫しました。
学びに向かう力，人間性等	○友達とリズムに合わせて一緒に踊って楽しかったです。餅つきで餅になりきって伸びたり縮んだりして楽しかったです。今度は他の食べ物になってみたいです。 ○〇〇さんがステップを工夫していて，とても上手でした。 ○〇〇さんのグループからアドバイスされたことを生かして踊ることができました。

(7)　保健

89ページ参照

知識及び技能	○心と体の調子のよい状態を健康ということが分かりました。 ○体の変化には個人差があって，思春期には，初経，精通，変声，発毛が起こることが分かりました。 ○「見えにくく，入りやすい所」は犯罪が起きやすい場所だということが分かりました。 ○特に，害が大きいから未成年の喫煙や飲酒は法律で禁止されていることが分かりました。
思考力，判断力，表現力等	○大人に近付く体の変化を調べて，学習カードに書いて友達に伝えました。 ○不安や悩みがある時は，自分に合った方法で気分を変えられるように，音楽を聞くことを選びました。 ○清潔にする，冷やす，おさえて血を止めるなどの中からけがの手当の方法として適しているものをみんなで考えました。
学びに向かう力，人間性等	○健康に生活するために大切なことをみんなで話し合いました。 ○不安や悩みがある時，どうすればよいかをみんなで発表し合いました。 ○グループで協力してインフルエンザの予防方法を考えました。

第３節
体育科の主体的・対話的で深い学び

１　「主体的・対話的で深い学び」について

中央教育審議会答申（平成28（2016）年12月）は，「主体的・対話的で深い学び」を次のように説明している。

> 主体的な学びとは「学ぶことに興味や関心を持ち，自己のキャリア形成の方向性と関連付けながら，見通しを持って粘り強く取り組み，自己の学習活動を振り返って次につなげる学び」としている。
>
> 対話的な学びとは，「子供同士の協働，教職員や地域の人との対話，先哲の考え方を手掛かりに考えること等を通じ，自己の考えを広げ深める学び」としている。
>
> 深い学びは「教科等で習得した概念や考え方を活用した『見方・考え方』を働かせ，問いを見いだして解決したり，自己の考えを形成し表したり，思いを基に構想，創造したりすることに向かう学び」としている。

なお，「主体的・対話的で深い学び」を実現するとは，特定の指導方法を規定したり，これまでの学校教育における教員の意図的な教育指導を否定したりすることではないとしている。

また，「主体的・対話的で深い学び」は，１単位時間の授業の中で全てが実現されるものではなく，単元や題材のまとまりの中で，例えば主体的に学習を見通し振り返る場面をどこに設定するか，グループなどで対話する場面をどこに設定するか，学びの深まりを作り出すために，子供が考える場面と教員が教える場面をどのように組み立てるか，といった視点で実現されていくことが求められる。

主体的な学び，対話的な学び，深い学びの三つの視点は，子供の学びの過程としては，一体として実現され，また，相互に影響し合うものでもあるが，学びの本質として重要な点を異なる側面から捉えたものであって，授業改善の視点として固有の視点であることに留意することが必要である。

そのため，今回の学習指導要領の改訂のポイントである「資質・能力の三つの柱」や「見方・考え方」と同様の捉え方に注目する必要がある。これら全てが「生きる力」「生きてはたらく力」の実現から派生しているからである。

2 「深い学び」と「見方・考え方」

学びの「深まり」の鍵となるのが，各教科等の特質に応じた「見方・考え方」である。

「見方・考え方」は……

<table>
<tr><td>新しい知識及び技能を既に持っている知識及び技能と結び付けながら社会の中で生きて働くものとして習得する</td><td rowspan="3">ために重要なものである。</td></tr>
<tr><td>思考力・判断力・表現力を豊かなものとする</td></tr>
<tr><td>社会や世界にどのように関わるかの視座を形成する</td></tr>
</table>

資質・能力の三つの柱によって支えられた「見方・考え方」が，習得・活用・探究という学びの過程の中で働くことを通じて，資質・能力がさらに伸ばされたり，新たな資質・能力が育まれたりし，それに

よって「見方・考え方」がさらに豊かなものになる，という相互の関係にある。

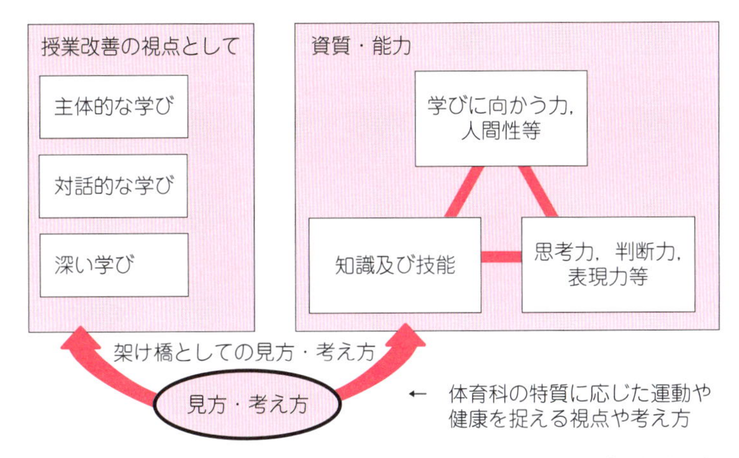

資質・能力と見方・考え方，「主体的・対話的で深い学び」の関係

3　体育科における「主体的・対話的で深い学び」の視点

中央教育審議会審議のまとめでは以下のように示している。

(1)「主体的な学び」の視点は，運動の楽しさや健康の意義等を発見し，運動や健康についての興味や関心を高め，課題の解決に向けて粘り強く自ら取り組み，それを考察するとともに学習を振り返り，課題を修正したり新たな課題を設定したりする過程に具体化されることになる。

(2)「協働的」が「対話的」に変更された理由は，「単に同じ場所に身を置き作業しているといった状態に止まらず，そこにいる一人一人が自己の考えを持ち，他者とやり取りしながらよりよい解決策を見出すこと」の強調である。

「対話的な学び」の視点は，運動や健康についての課題の解決に向けて，他者（書物等を含む）との対話を通して，自己の思考を広げ深めていく学びの過程と捉えられる。自他の運動や健康の課題の解決を目指して学習していく過程を重視するものである。

(3)「深い学び」が加わったのは，「話し合いが活発であっても教材等のねらいに届かない活動が必ずしも少なくないこと」を懸念してのことである。

「深い学び」の視点は，自他の運動や健康についての課題を発見し，解決に向けて試行錯誤を重ね，思考を深め，よりよく解決する学びの過程と捉えられる。

なお，三つの学びの過程は，順序性や階層性を示すものでない。

4 「主体的・対話的で深い学び」の具体的な姿

(1) 主体的な学び

キーワード	主体的に学んでいる児童の姿
運動の楽しさや健康の意義等を発見	○運動の特性を味わっている。
	○めあてを選んだり自分で考えたりして運動に取り組んでいる。
興味や関心	
粘り強く考察	○「あと一回」「もう一回」という声があがる。
振り返る	○学習を振り返り，新しいめあてを選んだり考えたりして運動に取り組もうとしている。
課題の修正	

新たな課題の設定	○「できる」の前に「できそうな気がする」という認知状態になっている。

(2)　対話的な学び

キーワード	対話的に学んでいる児童の姿
他者（書物等を含む）との対話	○息を合わせて運動している。 ○励まし合う，ほめ合う。
思考を広げる	○共感を前提にしながら，自分の考えをより確かなものにするために，相手の考えを受け入れる。
思考を深める	○友達の考えを引き出している。

(3)　深い学び

キーワード	深く学んでいる児童の姿
課題を発見	○自己の能力に応じた課題を選んでいる。
試行錯誤	○「よりよくしたい。」と追究している。
思考を深める	○自分で変容を感じられる「私は○○ができるようになった。」 ○自分の変容を振り返って言語化できる。 ○「時間が経つのが早い」と感じている。
よりよく解決する	○できるようになるためのポイントを言語化できる。

第2章

学習指導要領に基づく体育科の授業づくりのポイント

第１節
体育科の授業づくりの新旧対応ポイント
――何が変わるのか，何を変えるのか――

中央教育審議会答申によると，教育内容の改善・充実は，次のように述べられている。

（小学校体育）

○　小学校運動領域については，運動の楽しさや喜びを味わうための基礎的・基本的な「知識・技能」，「思考力・判断力・表現力等」，「学びに向かう力・人間性等」の育成を重視する観点から，内容等の改善を図る。また，保健領域との一層の関連を図った内容等について改善を図る。

・全ての児童が，楽しく，安心して運動に取り組むことができるようにし，その結果として体力の向上につながる指導等の在り方について改善を図る。その際，特に，運動が苦手な児童や運動に意欲的ではない児童への指導等の在り方について配慮する。

・オリンピック・パラリンピックに関する指導の充実については，児童の発達の段階に応じて，ルールやマナーを遵守することの大切さをはじめ，スポーツの意義や価値等に触れることができるよう指導等の在り方について改善を図る。

○　保健領域については，身近な生活における健康・安全についての基礎的・基本的な「知識・技能」，「思考力・判断力・表現力等」，「学びに向かう力・人間性等」の育成を重視する観点から，内容等の改善を図る。その際，自己の健康の保持増進や回復等に関する内容を明確化するとともに，「技能」に関連して，心の健康，けがの防止の内容の改善を図る。また，運動領域との一層の関連を図った内容等について改善を図る。

以上の充実・改善の指摘を受け，目標や内容等が示されている。次にそれを新旧の学習指導要領を整理して比較していく。

1　教科の目標の比較から

表１　体育科の目標比較

平成29（2017）年版	平成20（2008）年版
体育や保健の見方・考え方を働かせ，課題を見付け，その解決に向けた学習過程を通して，心と体を一体として捉え，生涯にわたって心身の健康を保持増進し豊かなスポーツライフを実現するための資質・能力を次のとおり育成することを目指す。 (1)　その特性に応じた各種の運動の行い方及び身近な生活における健康・安全について理解するとともに，基本的な動きや技能を身に付けるようにする。 (2)　運動や健康についての自己の課題を見付け，その解決に向けて思考し判断するとともに，他者に伝える力を養う。 (3)　運動に親しむとともに健康の保持増進と体力の向上を目指し，楽しく明るい生活を営む態度を養う。	心と体を一体としてとらえ，適切な運動の経験と健康・安全についての理解を通して，生涯にわたって運動に親しむ資質や能力の基礎を育てるとともに健康の保持増進と体力の向上を図り，楽しく明るい生活を営む態度を育てる。

（下線部は筆者。平成29（2017）年版から新たに示された部分）

(1)　目標の示され方が変わった！

平成20（2008）年版では，体育科の目標は一文で示されていた。しかし，平成29（2017）年版では，前文と「資質・能力の三つの柱」に沿った具体目標（(1)知識及び技能，(2)思考力，判断力，表現力等，(3)学びに向かう力，人間性等）が示されることになった。体育科においても，より「資質・能力の三つの柱」を意識した授業改善が求められている。

また，この目標と合わせて各学年の目標や内容が示されている。

(2)　体育や保健の見方・考え方を働かせた課題解決的な学習

平成20（2008）年版の課題として，「習得した知識や技能を活用して課題解決することや，学習したことを相手にわかりやすく伝えること等に課題があること」や「健康課題を発見し，主体的に課題解決に取り組む学習が不十分」であることが挙げられている。そこで，課題解決的な学習をより意識した授業改善が求められている。

(3)　豊かなスポーツライフの実現

平成20（2008）年版では「生涯にわたって運動に親しむ資質や能力」と示されていたものが，平成29（2017）年版では「生涯にわたって心身の健康を保持増進し豊かなスポーツライフを実現するための資質・能力」と変わった。今後，生涯にわたる豊かなスポーツライフにつなげることを目指した授業展開をしていくことが求められる。そのためには，体育の見方・考え方を働かせ，「すること」だけではなく，「みること」「支えること」「知ること」など多様な関わり方があることを意識して授業改善をしていく必要がある。

2　学年ごとの目標

表２　第３・第４学年の目標

平成29（2017）年版	平成20（2008）年版
(1)　各種の運動の楽しさや喜びに触れ，その行い方及び健康で安全な生活や体の発育・発達について理解するとともに，基本的な動きや技能を身に付けるようにする。	(1)　活動を工夫して各種の運動を楽しくできるようにするとともに，その基本的な動きや技能を身に付け，体力を養う。
(2)　自己の運動や身近な生活における健康の課題を見付け，その解決のための方法や活動を工夫するとともに，考えたことを他者に伝える力を養う。	(2)　協力，公正などの態度を育てるとともに，健康・安全に留意し，最後まで努力して運動をする態度を育てる。

(3) 各種の運動に進んで取り組み，きまりを守り誰とでも仲よく運動をしたり，友達の考えを認めたり，場や用具の安全に留意したりし，最後まで努力して運動をする態度を養う。また，健康の大切さに気付き，自己の健康の保持増進に進んで取り組む態度を養う。	(3) 健康な生活及び体の発育・発達について理解できるようにし，身近な生活において健康で安全な生活を営む資質や能力を育てる。

（下線部は筆者。平成29（2017）年版から新たに示された部分）

各学年の目標の示され方も変更された。第３・４学年の目標を例に見ていくと，平成20（2008）年版では，(1)では技能，(2)では態度，(3)では保健領域について示されていた。しかし，内容は(1)技能，(2)態度，(3)思考・判断と示されており，目標と内容が合致していない部分があった。

平成29（2017）年版の目標は，「資質・能力の三つの柱」に合わせ，(1)知識及び技能，(2)思考力，判断力，表現力等，(3)学びに向かう力，人間性等で整理して示され，内容も目標と同様の形で示された。

(1)　知識及び技能

運動領域における知識は，理解する対象を各種の運動で得られる楽しさや喜び，そこで解決すべき課題，それらの解決方法に応じた行い方としている。これらの知識に対する理解度を深めていくことにより，運動への関心や意欲等を高めるとともに，技能の習得につながることが期待できる。また，知識と技能を関連付けて指導することにより，課題をよりよく解決する力も育成できる。

(2)　思考力，判断力，表現力等

平成20（2008）年版では思考・判断の中に知識が含まれていたが，平成29（2017）年版では，知識は『知識及び技能』としてまとめられ，「思考力，判断力，表現力等」から区別された。しかし，知識と関連付けて指導することが重要である。

平成29（2017）年版では，第１・２学年では，「工夫する・伝える」，第３・４学年，第５・６学年では「見付ける・工夫する・伝える」で

整理された。各領域の中でも，同様に示されている。平成29（2017）年版では，「伝える」が全領域で示されており，授業の中で児童が内容や対象を踏まえ，お互いに伝え合う場面を設定することが求められる。

(3)　学びに向かう力，人間性等

平成29（2017）年版では「愛好的・価値的（例：進んで）」「公正・協力（例：約束を守る，助け合う）」「責任・参画（例：役割を果たす）」「共生（例：友達の考えや取り組みを認める）」「安全（例：安全に気を付ける）」として整理された。「共生」は平成29（2017）年版から新しく取り入れられた内容である。中教審答申には，「多様な個性・能力を生かして活躍する自立した人間として，適切な判断・意思決定や公正な世論の形成，政治参加や社会参画，一層多様性が高まる社会における自立と共生に向けた行動を取っていくことが求められる。」と記されており，多様化する社会の中で，共生の重要性が述べられている。体育科の改訂のポイントでも，「体力や技能の程度，年齢や性別及び障害の有無等にかかわらず，運動やスポーツの楽しみ方を共有できるよう配慮する。」と記されており，インクルージョンの視点が取り入れられることになった。授業の中でも「共生」の視点をもって指導していく必要がある。

3　体育科の領域構成

(1)　「体つくり運動」から「体つくりの運動遊び」へ

運動領域の領域構成では，第１・２学年では「～遊び」と名称が統一された※。これに伴い，第１・２学年では「体つくり運動」から「体つくりの運動遊び」と領域名が変更された。

全て「～遊び」となっていることからも，第１・２学年の指導では，幼稚園との接続に配慮し，運動遊びを意識した授業改善が必要である。

表３　平成20年版領域構成

<table>
<tr><th>学年</th><th>１・２</th><th>３・４</th><th>５・６</th></tr>
<tr><td rowspan="7">領域</td><td colspan="3">体つくり運動</td></tr>
<tr><td>器械・器具を使っての運動遊び</td><td colspan="2">器械運動</td></tr>
<tr><td>走・跳の運動遊び</td><td>走・跳の運動</td><td>陸上運動</td></tr>
<tr><td>水遊び</td><td>浮く・泳ぐ運動</td><td>水泳</td></tr>
<tr><td colspan="2">ゲーム</td><td>ボール運動</td></tr>
<tr><td>表現リズム遊び</td><td colspan="2">表現運動</td></tr>
<tr><td></td><td colspan="2">保健</td></tr>
</table>

表４　平成29年版領域構成

<table>
<tr><th>学年</th><th>１・２</th><th>３・４</th><th>５・６</th></tr>
<tr><td rowspan="7">領域</td><td>体つくりの運動遊び</td><td colspan="2">体つくり運動</td></tr>
<tr><td>器械・器具を使っての運動遊び</td><td colspan="2">器械運動</td></tr>
<tr><td>走・跳の運動遊び</td><td>走・跳の運動</td><td>陸上運動</td></tr>
<tr><td>水遊び</td><td colspan="2">水泳運動</td></tr>
<tr><td colspan="2">ゲーム</td><td>ボール運動</td></tr>
<tr><td>表現リズム遊び</td><td colspan="2">表現運動</td></tr>
<tr><td></td><td colspan="2">保健</td></tr>
</table>

※ゲーム領域は従前と同じ名称である。ゲーム領域は昭和52（1977）年版から「遊び」を意識した領域であることから，名称の変更は行われなかった。

(2)　領域の内容を整理

①体つくり運動系

「体力を高める運動」⇒「体の動きを高める運動」

体つくり運動系では，第５・６学年の「体力を高める運動」が「体の動きを高める運動」と名称が変更になった。これは，「多様な動きをつくる運動（遊び）」からの系統性を考慮したためである。第５・６学年においては，これまでに獲得した多様な動きをさらに高めていくことが重要である。

②器械運動系

マット運動「回転技や倒立技」⇒「回転系や巧技系」

鉄 棒 運 動「上がり技や支持回転技，下り技」⇒「支持系の技」

跳び箱運動「支持跳び越し技」⇒「切り返し系や回転系の技」

器械運動では，それぞれの内容が上記のように変更された。これは，中学校との系統性を考慮したためである。小学校段階から基本的な知識として指導した方が中学校との接続がスムーズにいくと考えられる。そのため，授業では指導の系統を意識した指導が必要である。

③陸上運動系

「バトンの受け渡し」が新設

陸上運動では，平成20（2008）年版では，リレーにおいてはバトンの受け渡しに関する記述はなかった。今後，バトンの受け渡しについての指導法の改善が求められる。

「投の運動を加えて指導」できる

投能力の低下が課題として挙げられていることから，投の運動が加えて指導できることとなった。ここでの投の運動はねらって投げることではなく，いかに遠くに投げられるかが求められる内容である。

④水泳運動系

水泳⇒水泳運動

水泳運動系は，浮力などの水の物理的特徴を生かし，浮く，呼吸する，進むなどの課題を達成し，水に親しむ楽しさや喜びを味わうことのできる運動である。そのため，全体を通して呼吸の仕方を身に付けることが強調されている。

浮く・もぐる遊び⇒もぐる・浮く運動遊び

平成29年版では，「もぐる」が「浮く」よりも先に示された。必ずこの順番で指導しなくてはならないわけではないが，授業では，まず

「もぐる」から指導に入り，水に対する恐怖心を取り除くことを優先した授業改善が必要である。

「安全確保につながる運動」の新設

この内容は背浮きや浮き沈みをしながら続けて安定した呼吸を伴い浮くことが重要な課題となる。着衣泳も含まれるが，それが全てではない。その名称の通り，競泳のように限られた条件内で速く泳ぐことではなく，水中で安全を確保するために，安定した呼吸を獲得させることをねらっており震災への対応時の安全確保を優先している。また，結果として水泳運動に多様に関わることも意識して新設されている。クロールや平泳ぎだけでなく，多様な水泳運動への楽しみ方を享受できるような授業改善が必要である。

⑤ボール運動系

基本的なボール操作やボールを持たないときの動き⇒基本的なボール操作とボールを持たないときの動き

「や」から「と」に変更された。「や」ではどちらかを指導すればよかったが，「と」になったことで，両方を指導する必要がある。ボール操作とボールを持たないときの動きはゲームの中ではどちらも重要な要素であることから，さらなる指導法の改善が必要である。

⑥表現運動系

「ひと流れ」「簡単なひとまとまり」

ほぼ，変更はないが，中学年では「表したい感じをひと流れの動きで踊ること。」，高学年では，「表したい感じをひと流れの動きで即興的に踊ったり，簡単なひとまとまりの動きにして踊ったりすること。」と具体的な学習過程にかかわるような内容が示された。

フォークダンスの中に「日本の民踊」

平成20（2008）年版でも，日本の民踊を「フォークダンス」の中で取り扱うことができた。しかし，フォークダンスでは外国の踊りしか行ってはならないという誤解があったため，日本の民踊を取り扱ってもよいことが分かりやすくなるように表記を改めた。

⑦保健領域

保健領域の中でも技能の指導

不安や悩みへの対処，けがの手当てが技能として新たに明示された。平成20（2008）年版では技能の指導が入っていなかったことから，新たな指導について検討していくことが必要である。

病気の予防に「回復」

平成20（2008）年版までは，病気の予防では，未然に防ぐことであったが，平成29（2017）年版からは，新たに「回復」という言葉が示された。病気になってしまったときにどのように対応するかも学習内容に入ってきた。

（参考）

○第１・第２学年の目標

平成29（2017）年版	平成20（2008）年版
(1) 各種の運動遊びの楽しさに触れ，その行い方を知るとともに，基本的な動きを身に付けるようにする。	(1) 簡単なきまりや活動を工夫して各種の運動を楽しくできるようにするとともに，その基本的な動きを身に付け，体力を養う。
(2) 各種の運動遊びの行い方を工夫するとともに，考えたことを他者に伝える力を養う。 (3) 各種の運動遊びに進んで取り組み，きまりを守り誰とでも仲よく運動をしたり，健康・安全に留意したりし，意欲的に運動をする態度を養う。	(2) だれとでも仲よくし，健康・安全に留意して意欲的に運動をする態度を育てる。

○第３・第４学年の目標

平成29（2017）年版	平成20（2008）年版
(1) 各種の運動の楽しさや喜びに触れ，その行い方及び健康で安全な生活や体の発育・発達について理解するとともに，基本的な動きや技能を身に付けるようにする。	(1) 活動を工夫して各種の運動を楽しくできるようにするとともに，その基本的な動きや技能を身に付け，体力を養う。

(2)　自己の運動や身近な生活における健康の課題を見付け，その解決のための方法や活動を工夫するとともに，考えたことを他者に伝える力を養う。	(2)　協力，公正などの態度を育てるとともに，健康・安全に留意し，最後まで努力して運動をする態度を育てる。
(3)　各種の運動に進んで取り組み，きまりを守り誰とでも仲よく運動をしたり，友達の考えを認めたり，場や用具の安全に留意したりし，最後まで努力して運動をする態度を養う。また，健康の大切さに気付き，自己の健康の保持増進に進んで取り組む態度を養う。	(3)　健康な生活及び体の発育・発達について理解できるようにし，身近な生活において健康で安全な生活を営む資質や能力を育てる。

○第５・第６学年の目標

平成29（2017）年版	平成20（2008）年版
(1)　各種の運動の楽しさや喜びを味わい，その行い方及び心の健康やけがの防止，病気の予防について理解するとともに，各種の運動の特性に応じた基本的な技能及び健康で安全な生活を営むための技能を身に付けるようにする。	(1)　活動を工夫して各種の運動の楽しさや喜びを味わうことができるようにするとともに，その特性に応じた基本的な技能を身に付け，体力を高める。
(2)　自己やグループの運動の課題や身近な健康に関わる課題を見付け，その解決のための方法や活動を工夫するとともに，自己や仲間の考えたことを他者に伝える力を養う。	(2)　協力，公正などの態度を育てるとともに，健康・安全に留意し，自己の最善を尽くして運動をする態度を育てる。
(3)　各種の運動に積極的に取り組み，約束を守り助け合って運動をしたり，仲間の考えや取り組みを認めたり，場や用具の安全に留意したりし，自己の最善を尽くして運動をする態度を養う。また，健康・安全の大切さに気付き，自己の健康の保持増進や回復に進んで取り組む態度を養う。	(3)　心の健康，けがの防止及び病気の予防について理解できるようにし，健康で安全な生活を営む資質や能力を育てる。

第２節
指導計画の作成と内容の取扱い

Q 体育科の指導計画の作成と内容の取扱いはどのようにすればよいでしょうか。

1　第１学年・第２学年「体つくりの運動遊び」

(1)　指導計画作成上の留意点

本領域に関する留意点として，学習指導要領第９節体育の「第３指導計画の作成と内容の取扱い」には，以下のことが記されている。

⑸　低学年においては，第１章総則の第２の４の⑴を踏まえ，他教科等との関連を積極的に図り，指導の効果を高めるようにするとともに，幼稚園教育要領等に示す幼児期の終わりまでに育ってほしい姿との関連を考慮すること。特に，小学校入学当初においては，生活科を中心とした合科的・関連的な指導や，弾力的な時間割の設定を行うなどの工夫をすること。
⑺　第１章総則の第１の２の⑵に示す道徳教育の目標に基づき，道徳科などとの関連を考慮しながら，第３章特別の教科道徳の第２に示す内容について，体育科の特質に応じて適切な指導をすること。

低学年という実態，特に第１学年の場合，初めて行うであろう小学校の体育の授業であることなどを踏まえ，検討する必要がある。

幼稚園教育要領，小学校学習指導要領「第３章　特別の教科　道徳」の項から，本領域との関連が深い項目は以下のものと考えられる。

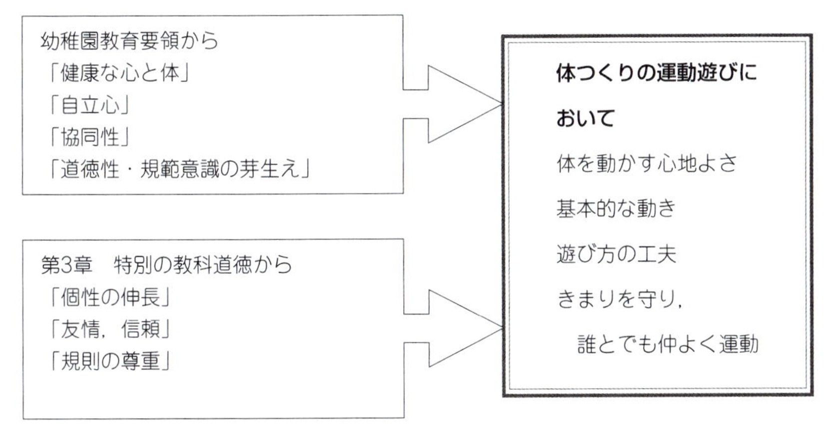

図１　体つくりの運動遊びと幼稚園教育要領等との関係

このように，幼児期において自発的な活動としての遊びを通して育まれてきたことが，小学校の体育科の学習に円滑に接続されるよう，工夫する必要がある。

(2)　内容の取扱い

本領域に関する留意点として，学習指導要領第９節体育の「第２各学年の目標及び内容〔第１学年及び第２学年〕」の３内容の取扱いには，以下のことが記されている。

(1)　内容の「A体つくりの運動遊び」については，２学年間にわたって指導するものとする。

(4)　学校や地域の実態に応じて歌や運動を伴う伝承遊び及び自然の中での運動遊びを加えて指導することができる。

(5)　各領域の各内容については，運動と健康が関わっていることについての具体的な考えがもてるよう指導すること。

これらを踏まえて，どのような内容をどの時期に取り上げて指導するのかを考える必要がある。

また，学習指導要領第９節体育の「第３指導計画の作成と内容の取扱い」の２には，以下のことが記されている。

> ⑸　第２の内容の「A体つくりの運動遊び」及び「A体つくり運動」の⑴のアについては，各学年の各領域においてもその趣旨を生かした指導ができること。
>
> ⑻　集合，整頓（とん），列の増減などの行動の仕方を身に付け，能率的で安全な集団としての行動ができるようにするための指導については，第２の内容の「A体つくりの運動遊び」及び「A体つくり運動」をはじめとして，各学年の各領域（保健を除く。）において適切に行うこと。

「体つくりの運動遊び」及び「体つくり運動」で身に付けた基本的な動きが各領域で行う運動に生かされるように，年間計画を考える必要がある。また，⑻については全領域を挙げていることから，運動内容や一単位時間の授業の流れを考える際，考慮していく必要がある。

(3)　授業時数の配当

体つくりの運動遊びとしては，以下のような内容を指導するように記されている。

> ア　体ほぐしの運動遊び
> イ　多様な動きをつくる運動遊び
> 　　体のバランスをとる動き　体を移動する動き
> 　　用具を操作する動き　力試しの動き

また，年間指導計画に位置付ける際は，以下のような点にも留意する必要がある。

・教科の目標との関連が明確で，しかも，年間の見通しがもてること。
・配列が分かりやすく示されていること。
・施設・用具等の条件にも対応できていること。
・生活科，特別活動，総合的な学習の時間など，学校全体の体育・健康に関する指導に関する計画との関連が適切にとれていること。
・同じ領域の運動の各学期への配列の仕方や学校行事等を踏まえること。

これらを踏まえた上で，以下に時数の例を挙げる。

表１　第１・第２学年体つくりの運動遊の時間配当の例（「東京都小学校体育研究会体つくり運動領域１ ～ ４年部会」）

１学期		２学期		３学期
１～２時	３～７時	８～12時	13～17時	18～22時
体ほぐしの運動	体のバランスをとる動き	体を移動する動き	体のバランスをとる動き or 体を移動する動き	体のバランスをとる動き or 体を移動する動き
	力試しの動き	用具を操作する動き（ボール）	用具を操作する動き（輪・長なわ）	用具を操作する動き（竹馬・短なわ）

(4)　単元計画の作成

単元計画を作成する際には，「指導計画の作成と内容の取扱い」に記載されている事項に沿って，適切に設定することが不可欠である。特に，児童の主体的・対話的で深い学びの実現に向けて改善されたものが期待される。

文部科学省より配布されている学習過程に関する資料において，本領域について関係すると思われる箇所は以下の通りである（赤の囲み及び下線部分）。

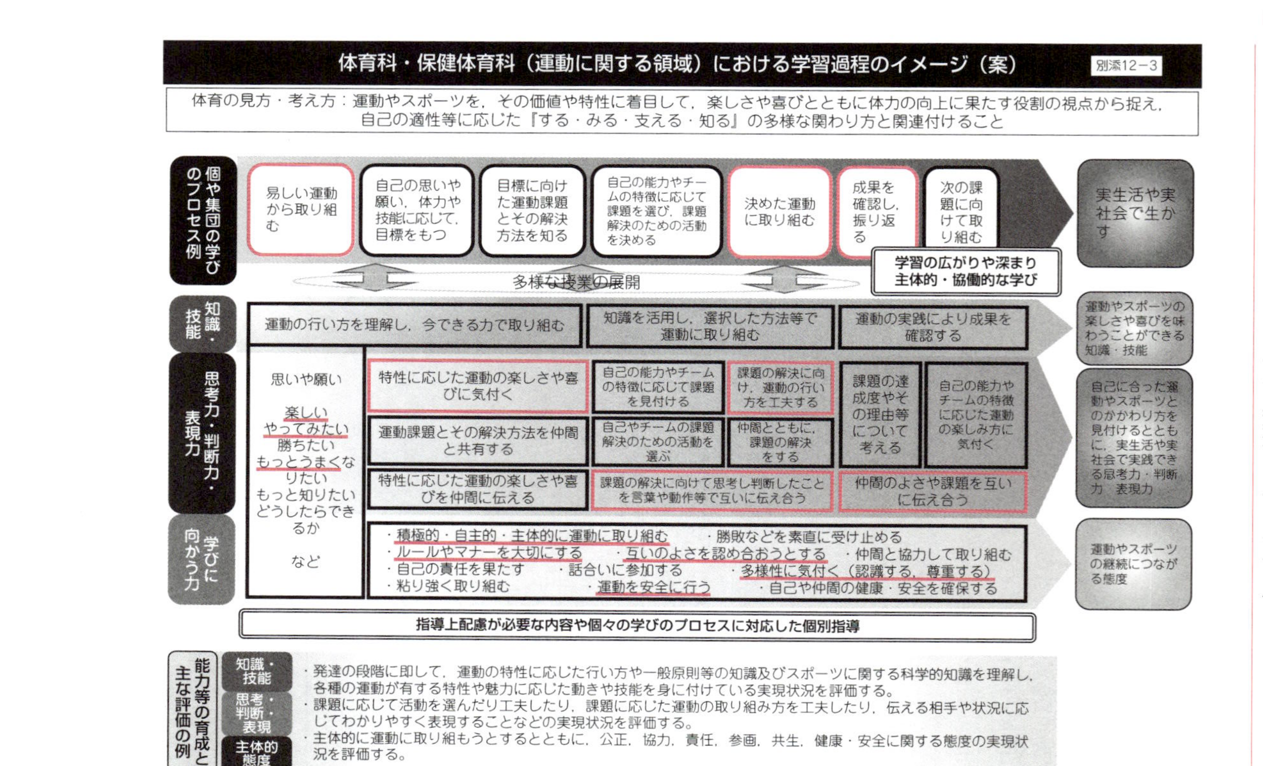

図２　体育科・保健体育科における課題発見・解決の学びのプロセスのイメージ　文科省HPより

このように，身に付けたい資質・能力を明らかにした上で，運動内容や児童の実態に合った評価の計画を作成する。

なお，この「学習過程のイメージ」については，他領域においても活用し，単元計画を作成する際の参考になると思われる。

2　第３学年・第４学年「ゲーム」

(1)　指導計画作成上の留意点

本領域に関する留意点として，学習指導要領第９節体育の「第３指導計画の作成と内容の取扱い」の１には，以下のことが記されている。

(1)　単元など内容や時間のまとまりを見通して，その中で育む資質・能力の育成に向けて，児童の主体的・対話的で深い学びの実現を図るようにすること。その際，体育や保健の見方・考え方を働かせ，運動や健康についての自己の課題を見付け，その解決のための活動を選んだり工夫したりする活動の充実を図ること。また，運動の楽しさや喜びを味わったり，健康の大切さを実感したりすることができるよう留意すること。

(2)　一部の領域の指導に偏ることのないよう授業時数を配当すること。

また，この他に，オリンピック・パラリンピック教育を見据え，取り上げたい運動内容について，自己の適性等に応じた「学ぶ（知る）・観る・する・支える」の多様な関わり方と関連付ける必要がある。

東京都におけるオリンピック・パラリンピック教育について，本領域との関連が深い項目は以下のものだと考えられる。

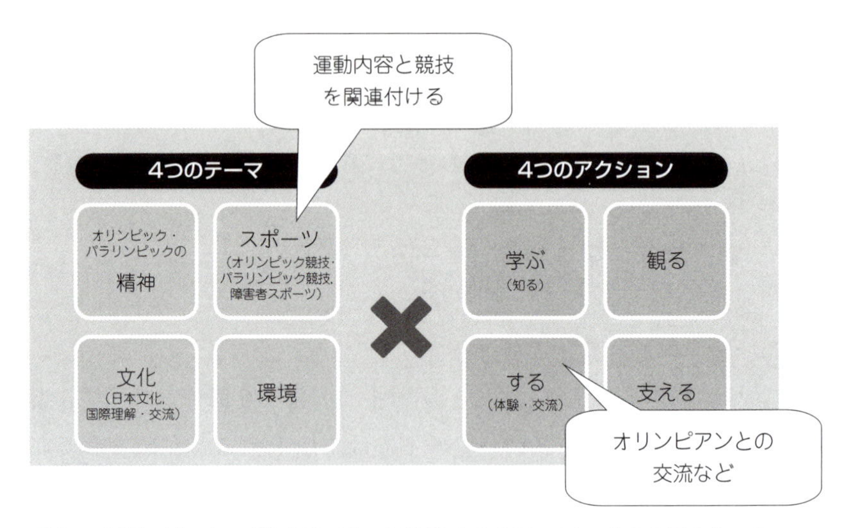

図3　オリンピック・パラリンピック教育４つのテーマ×４つのアクション
（東京都教育委員会HPより）

(2)　内容の取扱い

本領域に関する留意点として，学習指導要領第９節体育の「第２各学年の目標及び内容〔第３学年及び第４学年〕」の３内容の取扱いには，以下のことが記されている。

> (3)　内容の「Eゲーム」の(1)のアについては，味方チームと相手チームが入り交じって得点を取り合うゲーム及び陣地を取り合うゲームを取り扱うものとする。
> (8)　各領域の各内容については，運動と健康が密接に関連していることについての具体的な考えがもてるよう指導すること。

(3)は，ゴール型ゲームについて述べている。基本的ボール操作やボールを持たないときの動きによる易しいゲームを考え，指導していく必要がある。

また，学習指導要領第９節体育の「第３指導計画の作成と内容の取扱い」の２には，以下のことが記されている。

⑵　筋道を立てて練習や作戦について話し合うことや，身近な健康の保持増進について話し合うことなど，コミュニケーション能力や論理的な思考力の育成を促すための言語活動を積極的に行うことに留意すること。
⑺　オリンピック・パラリンピックに関する指導として，フェアなプレイを大切にするなど，児童の発達の段階に応じて，各種の運動を通してスポーツの意義や価値等に触れることができるようにすること。

本領域においては，ゲームの型に応じた簡単な作戦を選んだり，考えたことを友達に伝えたりすることが求められている。また，チームの力を高める観点としても，言語活動を核として，コミュニケーションを高めることが，学習をより活性化させる。

また，⑺についても，運動内容，１単位時間の授業の流れを考える際，考慮していく必要がある。

(3)　授業時数の配当

第３学年・第４学年のゲームとしては，以下のような内容を指導するように記されている。

ア　ゴール型ゲームでは，基本的なボール操作とボールを持たないときの動きによって，易しいゲームをすること。
イ　ネット型ゲームでは，基本的なボール操作とボールを操作できる位置に体を移動する動きによって，易しいゲームをすること。
ウ　ベースボール型ゲームでは，蹴る，打つ，捕る，投げるなどのボール操作と得点をとったり防いだりする動きによって，易しいゲームをすること。

また，
・２年間を通して目標が達成する。
・同系列の単元を編成するときには，将来の発展性を考慮した単元を選ぶ。
といった点も配慮し，年間指導計画に配列する必要がある。
これらを踏まえた上で，以下に時数の例を挙げる。

表２　２年間の指導計画例（東京都小学校体育研究会ゲーム領域部会資料を参考にして）

第３学年 30時間	ベースボール型ゲーム ⑥	ネット型ゲーム 「ソフトバレーボール」⑥	ゴール型ゲーム 「ラインサッカー」⑥
	ゴール型ゲーム 「ハンドボール」⑥	ゴール型ゲーム 「フラッグフットボール」⑥	
第４学年 30時間	ベースボール型ゲーム ⑥	ゴール型ゲーム 「ポートボール」⑥	ゴール型ゲーム 「ミニサッカー」⑥
	ネット型ゲーム 「ソフトバレーボール」⑥	⑥ゴール型ゲーム 「タグラグビー」⑥	

(4)　単元計画の作成

本領域に関する留意点として，学習指導要領第９節体育の「第２各学年の目標及び内容〔第３学年及び第４学年〕」の２内容のEゲームには，以下のことが記されている。

> (1)　次の運動の楽しさや喜びに触れ，その行い方を知るとともに，易しいゲームをすること。（以下省略）
> (2)　規則を工夫したり，ゲームの型に応じた簡単な作戦を選んだりするとともに，考えたことを友達に伝えること。
> (3)　運動に進んで取り組み，規則を守り誰とでも仲よく運動をしたり，勝敗を受け入れたり，友達の考えを認めたり，場や用具の安全

に気を付けたりすること。

これらを踏まえると，

・みんなが楽しめ，発展性のあるような初めのゲームを提示する。

・児童の発達段階を踏まえつつ，基本的なボール操作と，ボールを持たないときの動きなどを意識して取り組む。

・簡単な作戦を選び，課題の解決のために考えたことを友達に伝える。

ことなどに留意し，作成していく必要がある。

上記の点を踏まえると，本領域の単元計画は以下のような流れになると思われる。

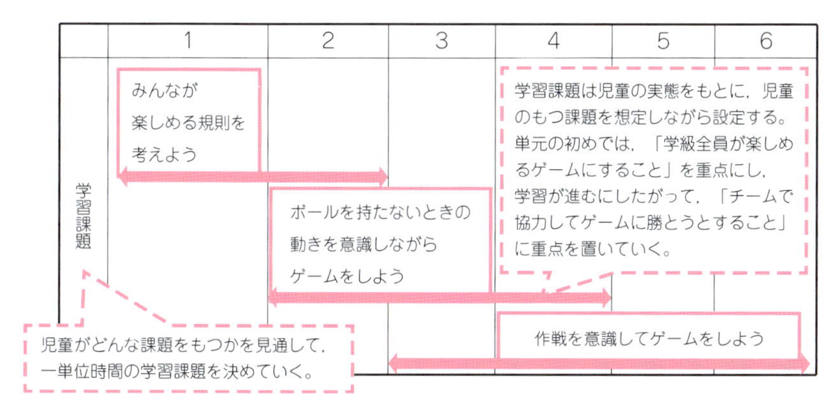

図４　ゲーム領域における単元計画の流れの例（平成27年度東京都小学校体育研究会ゲーム領域部会実証授業より）

３　第５学年・第６学年「保健」

（1）　指導計画作成上の留意点

本領域に関する留意点として，学習指導要領第９節体育の「第３指導計画の作成と内容の取扱い」の１には，以下のことが記されている。

⑶　第２の第３学年及び第４学年の内容の「G保健」に配当する授業時数は，２学年間で８単位時間程度，また，第２の第５学年及び第６学年の内容の「G保健」に配当する授業時数は，２学年間で16単位時間程度とすること。
⑷　第２の第３学年及び第４学年の内容の「G保健」並びに第５学年及び第６学年の内容の「G保健」（以下「保健」という。）については，効果的な学習が行われるよう適切な時期に，ある程度まとまった時間を配当すること。

⑶については，体育科の目標を踏まえ，運動領域と保健領域との密接な関連を持たせて指導することも必要である。例えば，次のような例が考えられる。

・体ほぐしの運動と第５学年「心の健康」を関連させる。
・各運動領域と第５学年「けがの防止」を関連させる。

⑷については，総授業時数の少ない保健領域の学習において，どのようにすれば学習効果を上げられるかという観点から記されたものである。学習指導要領第９節体育の「第１目標」には，次のように記されている。

⑵　運動や健康についての自己の課題を見付け，その解決に向けて思考し判断するとともに，他者に伝える力を養う。

この目標を達成するためには，各学校の年間計画などを見据え，適切な時期に，ある程度まとまった時間を配当した方が，学習効果が高いと考えられる。

(2)　内容の取扱い

本領域に関する留意点として，学習指導要領第９節体育の「第２各学年の目標及び内容〔第５学年及び第６学年〕」の３内容の取扱いには，以下のことが記されている。

⑺　内容の「G保健」については，⑴及び⑵を第５学年，⑶を第６学年で指導するものとする。また，けがや病気からの回復についても触れるものとする。
⑻　内容の「G保健」の⑶のアの㈡の薬物については，有機溶剤の心身への影響を中心に取り扱うものとする。また，覚醒剤等についても触れるものとする。
⑼　各領域の各内容については，運動領域と保健領域との関連を図る指導に留意すること。

なお，⑺については，心の面，つまり，不安や悩みなどへの様々な対処方法も考慮に入れるべきである。これらを踏まえて，どのような内容をどの時期に取り上げ指導するのかを考える必要がある。

また，学習指導要領第９節体育の「第３指導計画の作成と内容の取扱い」の２には，以下のことが記されている。

⑷　運動領域におけるスポーツとの多様な関わり方や保健領域の指導については，具体的な体験を伴う学習を取り入れるよう工夫すること。
⑽　保健の内容のうち運動，食事，休養及び睡眠については，食育の観点も踏まえつつ，健康的な生活習慣の形成に結び付くよう配慮するとともに，保健を除く第３学年以上の各領域及び学校給食に関する指導においても関連した指導を行うようにすること。
⑾　保健の指導に当たっては，健康に関心をもてるようにし，健康に関する課題を解決する学習活動を取り入れるなどの指導方法の工夫を行うこと。

本領域においては，個人及び社会生活における課題や情報を，健康や安全に関する原則や概念に着目して捉え，健康を支える環境づくりと関連付ける指導が必要である。

(3)　授業時数の配当

第５学年・第６学年の保健領域としては，以下のような内容を指導するように記されている。

⑴　心の健康

・心の発達及び不安や悩みへの対処の理解と簡単な対処

・心の健康についての課題とその解決方法

⑵　けがの防止

・交通事故や身の回りの生活の危険が原因となって起こるけが

・簡単な手当て

・けがの防止についての危険の予測や回避の方法

⑶　病気の予防

・病気の原因

・病原体が主な要因となって起こる病気とその予防

・生活習慣病など生活行動が主な要因となって起こる病気とその予防

・喫煙，飲酒，薬物乱用

・地域での保健に関わる様々な活動

・病気の予防についての課題とその解決方法

これらを踏まえた上で，以下に時数の例を挙げる。

表３　２年間の指導計画例（東京都小学校体育研究会保健領域部会資料より）

	単元	指導内容	時数	
第５学年	心の健康（２学期）	心の発達	1	4
		心と体の相互の影響	1	
		不安や悩みへの対処	2	
		けがや事故の発生	1	

	けがの防止（３学期）	交通事故の防止	1	4
		犯罪被害の防止	1	
		けがの手当	1	
第６学年	病気の予防（２学期）	病気の起こり方	1	8
		病原体がもとになって起こる病気の予防	2	
		生活行動がかかわって起こる病気の予防	2	
	病気の予防（３学期）	喫煙，飲酒の害と健康	1	
		薬物乱用と健康	1	
		地域の様々な保健活動の取組	1	

(4)　単元計画の作成

本領域について単元計画を作成するに当たり，学習指導要領に挙げられている留意したい点を踏まえると，以下のような流れになる。

①知識の習得……健康の概念の理解や課題等の内容を実践的に理解すること

②知識の活用……習得した知識から他の事象や自分の生活に当てはめて考えること等，児童の思考力・判断力を育むこと

③実践への意欲…学んで理解したことや，考えたことを振り返ったりまとめたり，実践しようとする気持ちをもつこと

（出典：平成27年度東京都小学校体育研究会保健領域部）

この流れは，保健領域の指導内容に記載されている，「○○について，課題を見付け，その解決を目指した活動を通して…」につながるものである。

また，学習指導要領第９節体育の「第３指導計画の作成と内容の取扱い」の２には，以下のことが記されている。

⑾　保健の指導に当たっては，健康に関心をもてるようにし，健康に関する課題を解決する学習活動を取り入れるなどの指導方法の工夫を行うこと。

この記載から，「主体的，対話的で深い学び」を展開することが求められている。「指導方法の工夫」には，次のようなものが考えられる。

○身近な日常生活の体験や事例などを題材にした話合い
○思考が深まる発問の工夫や思考を促す資料の提示
○課題の解決的な活動や発表
○ブレインストーミング
○簡単な手当などの実習，体験
○地域の人材の活用や養護教諭，栄養教諭，学校栄養職員などとの連携・協力

このような学習活動を積極的に行うことにより，資質・能力の三つの柱をバランスよく育成していく必要がある。

第３節
内容の構成及び各領域の概観

［体つくり運動系］

1　体つくり運動系領域の目指す姿

学びに向かう力，人間性等

（低中高）
すすんで運動
できました。

（低中高）
きまりを守って，周りの安全に気を付けてできました。

（高）
友達と助け合って運動できました。友達のよさやアドバイスを生かして楽しくできました。

（低中高）
誰とでも仲よく運動できました。

（低中高）
友達と一緒に協力して準備や片付けができました。

（低中高）
みんなで声を掛け合って運動したら楽しくなりました。

（低）
友達と仲よく運動して楽しかったです。またやりたいです。

（中）
友達と励まし合って運動できました。友達のよいところをたくさん見付けたりまねしたりして，楽しくできました。

知識及び運動

（低）
いろいろな動きをやってみました。１人でやったり友達と一緒にやったりできました。

（中）
ボールを投げて移動して捕れました。みんなと一緒に投げて移動して捕ることもできました。

（高）
巧みな動きを高めるために長なわを跳びながら短なわで跳ぶことができました。

思考力，判断力，表現力等

（低）
楽しくできる遊び方を選んでやりました。上手な友達を見付け，「一緒にやろう」と言えました。

（中）
できるようになりたい運動を選んで工夫しました。友達とこつを伝え合ってできました。

（高）
自分の体力に合った課題を選んでやりました。友達に教えてもらった工夫の仕方でうまくできました。その工夫の仕方を他のグループにも伝えることができました。

2　体つくり運動系領域

	第１・２学年	第３・４学年	第５・６学年
知識及び運動	次の運動遊びの楽しさに触れ，その行い方を知るとともに，体を動かす心地よさを味わったり，基本的な動きを身に付けたりすること。 ア 体ほぐしの運動遊びでは，手軽な運動遊びを行い，心と体の変化に気付いたり，みんなで関わり合ったりすること。 イ 多様な動きをつくる運動遊びでは，体のバランスをとる動き，体を移動する動き，用具を操作する動き，力試しの動きをすること。	次の運動の楽しさや喜びに触れ，その行い方を知るとともに，体を動かす心地よさを味わったり，基本的な動きを身に付けたりすること。 ア 体ほぐしの運動では，手軽な運動を行い，心と体の変化に気付いたり，みんなで関わり合ったりすること。 イ 多様な動きをつくる運動では，体のバランスをとる動き，体を移動する動き，用具を操作する動き，力試しの動きをし，それらを組み合わせること。	次の運動の楽しさや喜びを味わい，その行い方を理解するとともに，体を動かす心地よさを味わったり，体の動きを高めたりすること。 ア 体ほぐしの運動では，手軽な運動を行い，心と体との関係に気付いたり，仲間と関わり合ったりすること。 イ 体の動きを高める運動では，ねらいに応じて体の柔らかさ，巧みな動き，力強い動き，動きを持続する能力を高めるための運動をすること。
思考力，判断力，表現力等	(2) 体をほぐしたり多様な動きをつくったりする遊び方を工夫するとともに，考えたことを友達に伝えること。	(2) 自己の課題を見付け，その解決のための活動を工夫するとともに，考えたことを友達に伝えること。	(2) 自己の体の状態や体力に応じて，運動の行い方を工夫するとともに，自己や仲間の考えたことを他者に伝えること。
学びに向かう力，人間性等	(3) 運動遊びに進んで取り組み，きまりを守り誰とでも仲よく運動をしたり，場の安全に気を付けたりすること。	(3) 運動に進んで取り組み，きまりを守り誰とでも仲よく運動をしたり，友達の考えを認めたり，場や用具の安全に気を付けたりすること。	(3) 運動に積極的に取り組み，約束を守り助け合って運動をしたり，仲間の考えや取組を認めたり，場や用具の安全に気を配ったりすること。

内容の取扱い	(1)　内容の「A体つくりの運動遊び」については，２学年間にわたって指導するものとする。	(1)　内容の「A体つくり運動」については，２学年間にわたって指導するものとする。	(1)　内容の「A体つくり運動」については，２学年間にわたって指導するものとする。また，(1)のイについては，体の柔らかさ及び巧みな動きを高めることに重点をおいて指導するものとする。その際，音楽に合わせて運動するなどの工夫を図ること。 (2)　内容の「A体つくり運動」の(1)のアと「G保健」の(1)のアの(ウ)については，相互の関連を図って指導するものとする。

※下線が改訂となった箇所

3　体つくり運動系領域でポイントとなる事項

	○ポイントとなる事項　　◎今回の改訂でポイントとなる事項
知識及び運動	○体つくり運動は，特定の技能を身に付ける領域ではない。そのために「運動」として示されていることをおさえておく。 ◎第１・２学年では，「体つくりの運動遊び」と示され，より「遊び」の要素が重視された。まずはやってみる時間を十分に確保し，運動遊びの楽しさに触れることができるようにする。 ○体ほぐしの運動（遊び）では，これまでと変わりはないが，文言が整理され，手軽な運動遊びを行い，心と体の関係に気付いたり，友達と関わり合う楽しさに気付いたりできるようにする。 ○第１～４学年の多様な動きをつくる運動（遊び）では，体のバランスをとる動き，体を移動する動き，用具を操作する動き，力試しの動きをバランスよく扱うことが示された。 ○第５・６学年では，体の柔らかさ，巧みな動き，力強い動き，動きを持続する能力を高めるための運動を通して，体の動きを高めることが示された。発達の段階に合わせ，小学校では体の柔らかさ及び巧みな動きを高めることに重点を置いて指導する。
思考力，	○第１・２学年では，楽しくできる遊び方や場を選んで行えるようにする。 ◎第１～４学年では，考えたことを友達に伝えることが示された。運動の仕方，動きのこつ，友達のよさなど気付いたことを友達に伝えながら学習を進めてい

判断力，表現力等	くことが大切である。 ◎第３・４学年では，自己の課題を見付け，その解決のために活動を工夫することが示された。より楽しく運動ができ，様々な動きを身に付けることができる行い方を選べるようにする。 ◎第５・６学年では，自己の心や体の状態や体力に応じて，運動の行い方を工夫することが大切である。そのために，これまでの学習を生かして自分や仲間の考えを他者に伝えながら学習を進めていく。
学びに向かう力，人間性等	◎「いつでも，どこでも，誰とでも」を合言葉に，たくさんの友達と仲よく助け合って運動することが大切である。誰とでも運動できる価値を伝え，すぐにペアやグループになれる姿を称賛し，友達と関わりながら学習を進めていく。 ◎友達と声を掛け合って一生懸命に取り組む姿を認める。児童の「やってみたい」という運動欲求を充足し，技能面にとらわれすぎず，運動への取り組み方を称賛することで，「もっとやりたい」という学びに向かう力，人間性等を育んでいけるようにする。 ○友達の姿や考えを自分の運動に取り入れていこうとする学びの姿が大切である。 ◎頑張っている友達を認めたり，友達の運動への取組を認めたり，応援したりできる気持ちを育てていくことも大切である。それは学びに向かう力を支える土台となり，領域や教科を越えて，あらゆる場面で力として発揮できるものである。

4　体つくり運動系領域の年間計画（例）

〈第１・２学年〉各学年22時間配当

4月～ 7月	9月～ 12月	1月～ 3月
○体ほぐしの運動遊び② ○体のバランスをとる運動遊び⑤ 回る，座る・立つ，寝ころぶ・起きる，バランスを保つ ○用具を操作する運動遊び <ボール>⑤ 投げる・捕る，運ぶ，つかむ，もつ，おろす <易しい竹馬>② かんぽっくりに乗る，前に歩く	○力試しの運動遊び⑤ 人を押す，引く，力比べ，人を運ぶ，支える ○体を移動する運動遊び⑤ 這う・歩く・走る，跳ぶ・はねる ○用具を操作する運動遊び <輪>⑤ 回す，転がす <短なわ>⑤ 様々な跳び方，リズムで跳ぶ	○体のバランスをとる運動遊び・ ○体を移動する運動遊び⑤ 「じゃんけんすごろく」 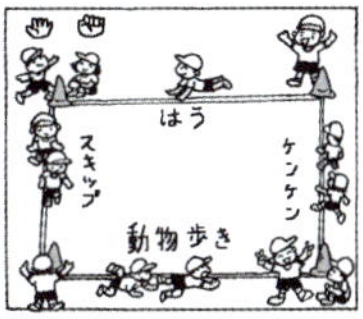 ○用具を操作する運動遊び <長なわ>⑤ くぐる，跳ぶ

〈第３・４学年〉各学年18時間配当

4月～7月	9月～12月	1月～3月
○体ほぐしの運動② ○体のバランスをとる運動③ ○体を移動する運動② ○用具を操作する運動 ＜Gボール＞② 乗る　友達と一緒に ＜竹馬・一輪車＞② 乗る（補助付き）・コースを進む ＜長なわ＞② 跳ぶ　みんなで一緒に跳ぶ	○体のバランスをとる運動・体を移動する運動⑧ ○用具を操作する運動 ＜輪＞④ 回す，転がす，投げる・捕る 回しながら移動する （歩く，スキップ，かけ足など） ＜短なわ＞④ 様々な跳び方，リズムで跳ぶ 跳びながら移動する	○力試しの運動④ ○用具を操作する運動 ＜ボール＞④ 投げる・捕る，運ぶ，つかむ，もつ，おろす 投げ上げて移動して捕る 友達と一緒に投げ上げて移動して捕る

〈第５・６学年〉各学年12時間配当

4月～9月	10月～3月
○体ほぐしの運動① ・体の柔らかさを高めるための運動⑤ （魔法のストレッチ・ウォーキングストレッチなど） ・巧みな動きを高めるための運動⑤ （短なわ／長なわ／ドリブル／バンブーダンス／ダブルステップなど） ※日常生活にも学んだことを生かせるようにする。	・動きを持続する能力を高めるための運動⑥ （往復走・エアロビクス・リズム短なわなど） ・力強い動きを高めるための運動③ （腕立て伏臥腕屈伸・いろいろ相撲・登り棒など） ・巧みな動きを高めるための運動③ （短なわ／長なわ／ドリブル／バンブーダンス／ダブルステップなどから選択して行う）
第５学年では，体の動きの何を高めるのかを理解しながら，一つ一つの運動を行っていく。 第６学年では，これまで経験した運動から，自己の体の状態や体力に応じて選択して行っていく。	

〈第１・２学年での留意点〉

○「遊び」の感覚を大切にする。「やってみたい！」と子供は初めて出会う運動遊びにわくわくしている。指導者は授業のねらいをおさえつつ，児童から多様な動きを引き出していく。１年生ではたくさんの動きを経験（知る）して，２年生では動きに変化をつけて，動きを広げていく。

（例：ボール）投げて捕る→高く投げる，片手で投げる，投げて手叩きして捕る，友達と投げて捕るなど。様々な経験や動きの工夫をしながら，基本的な動きができるようになることを目指す。

〈第３・４学年での留意点〉

○低学年で経験した動きに「移動」や「バランス」など，二つ以上の動きを同時に行ったり，連続して行ったりする。バランスを取りながら移動したり，用具を操作したりしながら移動する。自分のやりたい動き（めあて）に合わせ，動きや運動の場を選んで行う。

（例：ボール）やや前方に投げ上げて走って捕る→やや前方に投げ上げてスキップして捕る→友達と一緒に真上に投げて相手のボールを捕る。工夫した動きのみを見るのではなく，基本的な動きのこつが押さえられているのかも確認する。※低学年で多様な動きを十分に経験していることで，動きは組み合わせやすくなる。

〈第５・６学年での留意点〉

○第４学年までに動きを工夫する楽しさや，多様な動きを経験した児童は，第５学年からは自己の心と体の状態や体力に応じて運動を行っていく。児童は体を動かしながら，この運動は体の動きの何を高めているのかを理解していくことが大切である。またトレーニング的にならないように注意し，数値などの記録だけではなく，自己の課題をもち，楽しく運動を行いながら体の動きが高まっていく実感も大切にする。

[器械運動系]

1　器械運動系領域の目指す姿

学びに向かう力，人間性等

（低・マット）
友達と２人でマットを運んだから，すぐに用意ができました。

（低・固定）
友達とつながって歩いたとき，落ちそうになったので支えてあげました。

（中・鉄棒）
友達と励まし合ったり，補助し合ったりして練習しました。

（中・マット）
友達がよく見てくれて，うまくできたところを伝えてくれたので，とても楽しくできました。

（高・鉄棒）
友達に助言してもらったり，補助してもらったりしたので，安心して練習できました。

（高・跳び箱）
ぶつからないで安全に跳べるように私が合図を出しました。

知識及び技能

（低・固定施設を使った運動遊び）
登り棒で今までで一番高く上がれました。登り棒は楽しいです。

（中・跳び箱運動）
跳び箱の奥の方に手を着けるようになったら跳べるようになりました。

（高・マット運動）
両足で強くけり，膝を伸ばすようになれたので，前転にいきおいがつきました。

思考力，判断力，表現力等

（低・固定施設を使った運動遊び）
友達が上手だったので同じように両手を広げてやってみました。

（中・マット運動）
坂道マットで練習したら，とても回りやすくなりました。

（高・跳び箱運動）
腰が頭の位置を越えたらはねて，手で突き放すことが私の課題だと分かりました。

2　器械運動系領域

	第１・２学年	第３・４学年	第５・６学年
知識及び技能	次の運動遊びの楽しさに触れ，その行い方を知るとともに，その動きを身に付けること。 ア　固定施設を使った運動遊びでは，登り下りや懸垂移行，渡り歩きや跳び下りをすること。 イ　マットを使った運動遊びでは，いろいろな方向への転がり，手で支えての体の保持や回転をすること。 ウ　鉄棒を使った運動遊びでは，支持しての揺れや上がり下り，ぶら下がりや易しい回転をすること。 エ　跳び箱を使った運動遊びでは，跳び乗りや跳び下り，手を着いてのまたぎ乗りやまたぎ下りをすること。	次の運動の楽しさや喜びに触れ，その行い方を知るとともに，その技を身に付けること。 ア　マット運動では，回転系や巧技系の基本的な技をすること。 イ　鉄棒運動では，支持系の基本的な技をすること。 ウ　跳び箱運動では，切り返し系や回転系の基本的な技をすること。	次の運動の楽しさや喜びを味わい，その行い方を理解するとともに，その技を身に付けること。 ア　マット運動では，回転系や巧技系の基本的な技を安定して行ったり，その発展技を行ったり，それらを繰り返したり組み合わせたりすること。 イ　鉄棒運動では，支持系の基本的な技を安定して行ったり，その発展技を行ったり，それらを繰り返したり組み合わせたりすること。 ウ　跳び箱運動では，切り返し系や回転系の基本的な技を安定して行ったり，その発展技を行ったりすること。
思考力，判断力，表現力等	器械・器具を用いた簡単な遊び方を工夫するとともに，考えたことを友達に伝えること。	自己の能力に適した課題を見付け，技ができるようになるための活動を工夫するとともに，考えたことを友達に伝えること。	自己の能力に適した課題の解決の仕方や技の組み合わせ方を工夫するとともに，自己や仲間の考えたことを他者に伝えること。
学びに向かう	運動遊びに進んで取り組み，順番やきまりを守り誰とでも仲よく運動をしたり，場や器械・器具	運動に進んで取り組み，きまりを守り誰とでも仲よく運動したり，友達の考えを認めたり，場	運動に積極的に取り組み，約束を守り助け合って運動をしたり，仲間の考えや取組を認めたり，

力，人間性等	の安全に気を付けたりすること。	や器械・器具の安全に気を付けたりすること。	場や器械・器具の安全に気を配ったりすること。

※下線が改訂となった箇所

3　器械運動系領域でポイントとなる事項

	○ポイントとなる事項　◎今回の改訂でポイントとなる事項
知識及び技能	○器械・器具を使っての運動遊びは，いろいろな動きに楽しく取り組んで，自分の力にふさわしい動きを身に付けたときに喜びを味わうことができる運動である。また，器械運動では，技を身に付けたときや新しい技に挑戦したりするときに楽しさや喜びを味わうことができる運動である。従前どおり，運動に楽しく取り組む中で，器械運動と関連の深い基礎となる運動感覚を身に付ける動きや発展技につながる基本的な技を身に付けさせていく必要がある。 ◎「運動の行い方を知る・理解する」という「知識」に関する内容が新設された。器械運動系は非日常的な動きの運動であるため，子供が運動の全体像をイメージでき，技のポイントを理解できるように絵図や映像資料等を効果的に活用する必要がある。また，技のポイントを理解し運動する「分かったからできた」や，運動しながら自分なりのコツをつかむ「できたから分かった」など，知識と技能をより一体として捉えた学習活動を展開する必要がある。
思考力，判断力，表現力等	○器械・器具を使っての運動遊びでは，提示された運動遊びからできそうな遊びを選び取り組めるようにする。また，できるようになった遊びを組み合わせたり，繰り返したりして工夫して遊べるようにする。器械運動では，できそうな技を選び，課題が易しくなるような場や補助具を活用するなど，解決の仕方を工夫して取り組ませる。 ◎課題を解決する際に「友達や他者へ伝え合う」内容が新設された。友達の動きを見て，発見したことを伝えたり，お互いの動きを見合いよいところや直すべきところを伝え合ったりする活動を取り入れる必要がある。
学びに向かう力，人間性等	◎「誰とでも仲良く」と「友達の考えを認める」「仲間の考えや取組を認める」という文言が新設された。学習の中で友達と積極的にかかわる場面をつくり，お互いのよさを認め合う活動を取り入れていく必要がある。

４　器械運動系の年間計画（例）

〈第１・２学年〉各学年19時間配当

	4月～7月	9月～12月	1月～3月
第1学年	○固定施設を使った運動遊び③ ○鉄棒を使った運動遊び④	○マットを使った運動遊び⑥	○跳び箱を使った運動遊び⑥
第2学年	○固定施設を使った運動遊び③ ○鉄棒を使った運動遊び④	○マットを使った運動遊び⑥	○跳び箱を使った運動遊び⑥

〈第３・４学年〉各学年18時間配当

	4月～7月	9月～12月	1月～3月
第3学年	○マット運動⑥	○鉄棒運動⑥	○跳び箱運動⑥
第4学年	○マット運動⑥	○鉄棒運動⑥	○跳び箱運動⑥

〈第５・６学年〉各学年17時間配当

	4月～7月	9月～12月	1月～3月
第5学年	○マット運動⑥	○鉄棒運動⑤	○跳び箱運動⑥
第6学年	○マット運動⑥	○鉄棒運動⑤	○跳び箱運動⑥

〈第１・２学年での留意点〉

○固定施設を使った運動遊びは，幼稚園教育との関連を図るため，第１学年の年間の最初の時期に計画を立てると効果的である。児童の就学前の経験に応じて，運動内容や単元構成，時間配当を工夫していく。

○学校の施設の状況に応じて，単元構成を工夫することが考えられる。例えば，ジャングルジム，雲梯を使った運動遊びと鉄棒を使った運動遊びを組み合わせることで，共通の体の動かし方や感覚を身に付けやすくすることができる。また，平均台，肋木を使った運動遊びと跳び箱を使った運動遊びを組み合わせることで，効率的な場で学習を進めることができる。

〈第３・４学年での留意点〉

○第３，４学年は，児童の発達の段階から器械運動の基本的な技をもっともよく習得できる時期である。そのため，技習得の適時性を考え時間配当を工夫したい。特に，鉄棒運動については，身軽なこの時期に配当時間を増やし，基本的な技を十分に身に付け，高学年の学習につなげたい。

○技を習得しやすくするために，技の系統を考慮し，単元配列を工夫したい。例えば，マット運動の後に，跳び箱運動を計画することで，マット運動の前転グループの技の経験が跳び箱運動の回転系の技の学習に生かされる。

〈第５・６学年での留意点〉

○児童の実態に応じて，２学年を見通し，それぞれの種目の単元構成，時間配当を工夫していく。例えば，瞬発力や筋力を要する跳び箱運動はそれぞれの学年の後半に配当したり，第６学年での時間配当を増やすなどして技を習得しやすくする。

[陸上運動系]

1　陸上運動系領域の目指す姿

学びに向かう力，人間性等

（低・走の運動遊び）
リレーでは負けたけど，次はみんなで力を合わせてがんばります。

（低・跳の運動遊び）
友達と交代で連続ジャンプをしました。手をつないで仲よく跳ぶことができました。

（中・幅跳び）
友達が跳ぶときに大きな声で応援しました。

（中・高跳び）
友達と一緒に道具を準備して安全に練習できました。

（高・走り高跳び）
スタンドが倒れないように安全に気を付けて練習しました。

（中・かけっこリレー）
リレー競争のときは，同じチームの友達に大きな声で応援することができました。

（中・小型ハードル）
競争するコースを作るときは危なくないか確認しながら用具を並べることができました。

（高・短距離走・リレー）
計時やスターター，記録など，みんなで役割を分担しながらリレーをしました。

（高・ハードル走）
みんなで競争の仕方や練習方法を話し合って決めることができました。

知識及び技能

（低・走の運動遊び）
ジグザグでも気持ちよく走れるようになりました。

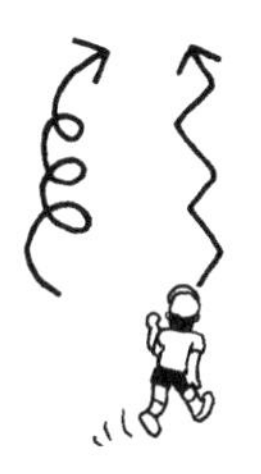

（中・小型ハードル走）
自分に合ったコースでミニハードルを３歩のリズムで走り越えることができました。

（高・走り幅跳び）
助走のリズムがよくなったので，踏切ゾーンで踏み切って跳ぶことができるようになりました。

思考力，判断力，表現力等

（低・跳の運動遊び）
自分の能力に応じて輪の並べ方をいろいろ変えることができました。

（中・高跳び）
３歩の助走で上手に踏み切れるよう，輪を使った場を選んで練習しました。

（高・ハードル走）
上手な友達の跳び方からハードルを素早く跳ぶポイントを見つけました。

2　陸上運動系領域

	第1・2学年	第3・4学年	第5・6学年
知識及び技能	次の運動遊びの楽しさに触れ，その行い方を知るとともに，その動きを身に付けること。 ア　走の運動遊びでは，いろいろな方向に走ったり，低い障害物を走り越えたりすること。 イ　跳の運動遊びでは，前方や上方に跳んだり，連続して跳んだりすること。	次の運動の楽しさや喜びに触れ，その行い方を知るとともに，その動きを身に付けること。 ア　かけっこ・リレーでは，調子よく走ったりバトンの受渡しをしたりすること。 イ　小型ハードル走では，小型ハードルを調子よく走り越えること。 ウ　幅跳びでは，短い助走から踏み切って跳ぶこと。 エ　高跳びでは，短い助走から踏み切って跳ぶこと。	次の運動の楽しさや喜びを味わい，その行い方を理解するとともに，その技能を身に付けること。 ア　短距離走・リレーでは，一定の距離を全力で走ったり，滑らかなバトンの受渡しをしたりすること。 イ　ハードル走では，ハードルをリズミカルに走り越えること。 ウ　走り幅跳びでは，リズミカルな助走から踏み切って跳ぶこと。 エ　走り高跳びでは，リズミカルな助走から踏み切って跳ぶこと。
思考力，判断力，表現力等	走ったり跳んだりする簡単な遊び方を工夫するとともに，考えたことを友達に伝えること。	自己の能力に適した課題を見付け，動きを身に付けるための活動や競争の仕方を工夫するとともに，考えたことを友達に伝えること。	自己の能力に適した課題の解決の仕方，競争や記録への挑戦の仕方を工夫するとともに，自己や仲間の考えたことを他者に伝えること。
学びに向かう力，人間性等	運動遊びに進んで取り組み，順番やきまりを守り誰とでも仲よく運動をしたり，勝敗を受け入れたり，場の安全に気を付けたりすること。	運動に進んで取り組み，きまりを守り誰とでも仲よく運動をしたり，勝敗を受け入れたり，友達の考えを認めたり，場や用具の安全に気を付けたりすること。	運動に積極的に取り組み，約束を守り助け合って運動をしたり，勝敗を受け入れたり，仲間の考えや取組を認めたり，場や用具の安全に気を配ったりすること。

内容の取扱い	(2) 内容の「C　走・跳の運動遊び」については，児童の実態に応じて投の運動遊びを加えて指導することができる。	(2) 内容の「C　走・跳の運動」については，児童の実態に応じて投の運動を加えて指導することができる。	(3) 内容の「C　陸上運動」については，児童の実態に応じて，投の運動を加えて指導することができる。

※下線が改訂となった箇所

3　陸上運動系でポイントとなる事項

	○ポイントとなる事項　◎今回の改訂でポイントなる事項
知識及び技能	◎第2学年までは，どの児童も楽しさに触れられるよう，第3学年以降では，どの児童も楽しさや喜びに触れたり味わえるよう競争や記録達成の仕方を工夫する。 ◎「運動の行い方を知る・理解する」という「知識」に関する内容が新設された。このことは，「分かってできる」という知識と技能をより一体として捉えている。 ◎リレーでは，「滑らかにバトンの受渡しができること」という技能に関する内容が新設された。リレーの課題として大変重要な内容である。 ○他人の記録と比較することではなく，自己の記録を向上させることが大切なことをおさえる。
思考力，判断力，表現力等	◎「考えたことを友達に伝えること・他者に伝えること」が内容として設定された。見つけた課題を協働的に解決することや感じたことを共有することが求められている。 ○自分に合った課題を選択できるよう，選択肢を与える。 ○自分の課題が見つけやすいよう，友達の運動を見たり，見てもらったりする中で，気付いたことを伝え合うようにする。
学びに向かう力，人間性等	◎「誰とでも運動できること」という内容が設定された。また，第3・4学年でも「友達の考えを認めること」が指導内容に加えられた。インクルーシブ教育システムの理念推進に向けても，個々の違いを認め合いながら，共に学ぶことが大切にされている。 ◎「勝敗を受け入れること」が第5学年・第6学年でも内容に追加された。豊かなスポーツライフを歩む上でとても大切な内容であり，確実な定着が求められている。 ○友達に励ましの声をかけることで意欲が高まることがあることを指導する。

4　陸上運動系の年間計画（例）

〈第１・２学年〉第１学年19時間，第２学年20時間配当

	4月〜7月	9月〜10月		11月〜12月
第1学年	走の運動遊び⑤ かけっこ・折り返しリレー遊び	走の運動遊び⑤	走の運動遊び※⑤	跳の運動遊び・投の運動遊び※④
第2学年	走の運動遊び⑥ かけっこ・折り返しリレー遊び	走の運動遊び⑤	跳の運動遊び・投の運動遊び④	走の運動遊び⑤ 障害物リレー遊び

※児童の実態に応じて，投の運動遊びを加えて指導することができる

〈第３・４学年〉第３学年20時間，第４学年18時間配当

	4月〜7月	9月〜10月		11月〜12月
第3学年	走の運動⑥ かけっこ・リレー	走の運動・投の運動③ かけっこ	走の運動⑤ 小型ハードル走	跳の運動・投の運動⑥ 幅跳び
第4学年	走の運動⑤ かけっこ・リレー	走の運動② かけっこ	走の運動⑤ 小型ハードル走	跳の運動・投の運動⑥ 高跳び

〈第５・６学年〉各学年14時間配当

	4月〜7月	9月〜10月		11月〜12月
第5学年	短距離走・リレー④	ハードル走⑤	走り幅跳び⑤	
第6学年	短距離走・リレー④	ハードル走⑤	走り高跳び⑤	

〈第１・２学年での留意点〉

○第１・２学年では，走の運動遊びを中心に年間計画を立てている。

いろいろな方向に走ったり，低い障害物を走り越えたりする場を用意し，競争の楽しさを味わわせたい。また，勝敗を受け入れる態度を育みたい。

○走の運動と跳の運動を組み合わせた単元計画を作成することもできる。

○折り返しリレー遊びや障害物リレー遊びなどでは，遊び方が工夫でき，夢中になって遊べるように計画する。

○学校の実態に応じて投の運動遊びを計画することもできる。３～５時間程度の単独単元や跳の運動と組み合わせて実施することもできる。

〈第３・４学年での留意点〉

○幅跳び，高跳びは，どちらかの学年で指導することができる。第３学年で幅跳び，高跳びの両方を扱うことも可能である。また，幅跳び，高跳びを組み合わせて指導することもできる。

○第３学年では走の運動を，第４学年では跳の運動を多く時間配当し，重点化を図ることができる。

○学校の実態に応じて投の運動を計画することもできる。３～５時間程度の単独単元や跳の運動と組み合わせて実施することもできる。

〈第５・６学年での留意点〉

○走り幅跳び，走り高跳びは，どちらかの学年で指導することができる。第５学年で走り幅跳び，走り高跳びの両方を扱うことも可能である。走り幅跳び，走り高跳びを組み合わせて指導することもできる。

○ハードル走は，第５学年・第６学年でそれぞれ時間配当することもできるが，どちらかの学年のみに設定することもできる。組み合わせて指導することもできる。例えば，単元前半では，共通課題，単元後半では，個別課題を選ぶよう計画することもできる。

[水泳運動系]

1　水泳運動系領域の目指す姿

学びに向かう力，人間性等

(低・水遊び)
ペアやグループの友達と音楽に合わせて楽しくリズム水遊びができました。

(低・水遊び)
ペア遊びの中から，一番楽しかった電車ごっこを選んで遊びました。

(中・水泳運動)
友達からもらった息継ぎの仕方のアドバイスに気を付けて泳ぎました。

(中・水泳運動)
プールへ危ない入り方をしている友達に注意し，安全に気を付けて学習しました。

(低・水遊び)
プールへの入り方のきまりを守って，安全に気を付けて水遊びをしました。

(中・水泳運動)
水泳運動のきまりを守り，初歩的な泳ぎを何度も練習しました。

(高・水泳運動)
25mのタイムが少しでも伸びるように，記録を測るコースを選んで何度もタイムを測定しました。

(高・水泳運動)
ペアで学習している友達が，平泳ぎの足の掻き方を諦めずに練習していたのでこつを教えてあげました。

(高・水泳運動)
服を着たまま長く泳ぐ泳ぎ方を，友達と協力しながら学習することができました。

知識及び技能

（低・水遊び）
みんなで鬼遊びをして，水の中で歩いたり，走ったりする行い方が分かりました。

（中・水泳運動）
蹴伸びで壁を蹴った後は，プールの底の線を見るとうまく浮いて進むことが分かりました。

（高・水泳運動）
平泳ぎでは，足の動きと手の動きが合うとうまく泳げることが分かりました。

思考力，判断力，表現力等

（低・水遊び）
友達が水の中で目が開けられないので，私が水の中で指を出して何本か当てるようにしました。

（中・水泳運動）
ばた足の練習では，水中で友達の蹴り方を見て，ひざを曲げないようにアドバイスできました。

（高・水泳運動）
平泳ぎであおり足になってしまうので，友達に足の裏で水を押し出しているか見てもらいながら練習しました。

2　水泳運動系領域

	第１・２学年	第３・４学年	第５・６学年
知識及び技能	次の運動遊びの楽しさに触れ，その行い方を知るとともに，その動きを身に付けること。 ア　水の中を移動する運動遊びでは，水につかって歩いたり走ったりすること。 イ　もぐる・浮く運動遊びでは，息を止めたり吐いたりしながら，水にもぐったり浮いたりすること。	次の運動の楽しさや喜びに触れ，その行い方を知るとともに，その動きを身に付けること。 ア　浮いて進む運動では，け伸びや初歩的な泳ぎをすること。 イ　もぐる・浮く運動では，息を止めたり吐いたりしながら，いろいろなもぐり方や浮き方をすること。	次の運動の楽しさや喜びを味わい，その行い方を理解するとともに，その技能を身に付けること。 ア　クロールでは，手や足の動きに呼吸を合わせて続けて長く泳ぐこと。 イ　平泳ぎでは，手や足の動きに呼吸を合わせて続けて，長く泳ぐこと。 ウ　安全確保につながる運動では，背浮きや浮き沈みをしながら続けて長く浮くこと。
思考力，判断力，表現力等	水の中を移動したり，もぐったり浮いたりする簡単な遊び方を工夫するとともに，考えたことを友達に伝えること。	自己の能力に適した課題を見付け，水の中での動きを身に付けるための活動を工夫するとともに，考えたことを友達に伝えること。	自己の能力に適した課題の解決の仕方や記録への挑戦の仕方を工夫するとともに，自己や仲間の考えたことを他者に伝えること。
学びに向かう力，人間性等	運動遊びに進んで取り組み，順番やきまりを守り，誰とでも仲よく運動をしたり，水遊びの心得を守って安全に気を付けたりすること。	運動に進んで取り組み，きまりを守り誰とでも仲よく運動したり，友達の考えを認めたり，水泳運動の心得を守って安全に気を付けたりすること。	運動に積極的に取り組み，約束を守り助け合って運動をしたり，仲間の考えや取組を認めたり，水泳運動の心得を守って安全に気を配ったりすること。

※下線が改訂となった箇所

3　水泳運動系領域でポイントとなる事項

	○ポイントとなる事項　◎今回の改訂でポイントとなる事項
知識及び技能	◎第１学年から第４学年のもぐる・浮く運動（遊び）で息を止めたり吐いたりすることが求められているように，呼吸が重視されている。 ○第２学年までは，どの児童にも楽しさに触れられるように，第３・４学年では，どの児童も楽しさや喜びに触れられるように，第５・６学年では楽しさや喜びを味わえるように学習の仕方を工夫する。 ◎「運動の行い方を知る・理解する」という「知識」に関する内容が新設された。このことは，「分かってできる」という知識と技能をより一体として捉えている。 ○第５・６学年では「手や足の動きに呼吸を合わせて」泳ぐことが内容として設定された。それぞれ別々に理解したことを，一連の泳ぎとして運動することが求められている。 ◎第５・６学年では「安全確保につながる運動」が新設された。自己の命を守るための力・生きる力の育成が必要とされている。
思考力，判断力，表現力等	◎「考えたことを友達に伝えること・他者に伝えること」が内容として設定された。見つけた課題を，協働的に解決することや感じたことを共有することが求められている。
学びに向かう力，人間性等	◎「誰とでも運動できる」という内容が設定された。また，第３学年以上では，「友達や仲間の考えや取組を認めること」が内容に加えられた。個々の違いを認め合いながら，共に学ぶことが大切にされている。

4　水泳運動系の年間計画（例）

〈第１・２学年〉各学年10時間配当

	6月～9月
第1学年	水の中を移動する運動遊び もぐる・浮く運動遊び ※一単位時間の中にそれぞれの運動を取り入れる。
第2学年	水の中を移動する運動遊び もぐる・浮く運動遊び ※一単位時間の中にそれぞれの運動を取り入れる。

〈第３・４学年〉各学年10時間配当

	6月～9月
第3学年	浮いて進む運動 もぐる・浮く運動 ※一単位時間の中にそれぞれの運動を取り入れる。
第4学年	浮いて進む運動 もぐる・浮く運動 ※一単位時間の中にそれぞれの運動を取り入れる。

〈第５・６学年〉各学年10時間配当

	6月～9月
第5学年	クロール 平泳ぎ 安全確保につながる運動 ※クロールを重点として指導する。
第6学年	クロール 平泳ぎ 安全確保につながる運動 ※平泳ぎを重点として指導する。

〈第１・２学年での留意点〉

○第１・２学年では，水の中を移動する運動遊びともぐる・浮く運動遊びに毎時間取り組む計画を立てている。様々な水遊びを経験していくことを通して，水への不安感を取り除いたり，呼吸の仕方を身に付けたり，水の中で体を動かす心地よさを味わったりすることができるようにしていき，中学年につなげていく。

〈第３・４学年での留意点〉

○第３・４学年では，もぐる・浮く運動と浮いて進む運動に毎時間取り組む計画を立てている。水泳運動では，段階的に数多くの動きを経験することが動きの習得につながることから，数多くの動きを経験できるように意図的に計画を立てる。また，近代泳法を直接教えるのではなく，クロールや平泳ぎにつながる呼吸をしながらのばた足泳ぎやかえる足泳ぎなどの初歩的な泳ぎを指導するようにし，高学年への指導につなげる。

〈第５・６学年での留意点〉

○クロール，平泳ぎは，どちらかの学年で指導することができる。同一学年でクロール，平泳ぎの両方を扱うことも可能である。本実践例では，第５学年でクロール，第６学年で平泳ぎを重点として指導している。

○安全確保につながる運動では，第５学年・第６学年のどちらかの学年のみに設定することもできる。事故や災害等から身を守ることの必要性から，両方の学年で配当した。

○着衣のまま水に落ちた場合の対処の仕方については，安全確保につながる運動との関連を図り，各学校の実態に応じて積極的に取り扱う。

[ボール運動系]

1　ボール運動系領域の目指す姿

学びに向かう力，人間性等

(低中・鬼遊び，
ボールゲーム，ゲーム)
勝敗を受け入れ，誰とでも仲良く笑顔でゲームをすることができました。

(低中・ボールゲーム，ゲーム)
どうしたら勝てるか，友達と一緒に協力しながら進んで運動できました。

(低中・ボールゲーム，ゲーム)
友達と協力してゲームをできました。今日も友達のよいところを見付けることができました。

(低中高・鬼遊び，ボールゲーム，ゲーム，ボール運動)
友達と一緒に道具の準備や片付けを行い，安全に気を付けて，楽しみながら鬼ごっこやゲームを行うことができました。

(中高・ゲーム，ボール運動)
ゲームや練習を行う中で，友達の動きを見合ったり，話し合ったりしながら，仲間の考えや取組を認めることができました。振り返りの時間に，そのよい考えや取組を友達に伝え合うことができました。

知識及び技能

（低・鬼遊び）
相手をかわすために，走る速さを変えたり，急に曲がったりすることができました。空いてる場所を見付けて，走り抜けることもできました。

（低・ボールゲーム）
ボールを投げて，上手に的に当てることができました。

（中・ゲーム）
パスをもらいやすい場所に素早く動いて，味方からパスをもらうことができました。

（中・ゲーム）
打ったり，捕ったり，投げたりすることができました。

（高・ボール運動）
得点しやすい場所に素早く移動し，シュートをすることができました。

思考力，判断力，表現力等

（低中・鬼遊び，ボールゲーム，ゲーム）
ゲームの規則や作戦についての自分の考えを友達に伝えることができました。
自分たちにあったゲームになるように工夫することができました。

（中高・ゲーム，ボール運動）
ゲームを行う上で生じる課題を見付けたり，解決したりすることができました。課題解決のために，作戦を立て，自分の考えや仲間の考えたことを他の人に伝えることができました。

2　ボール運動系領域

	第1・2学年	第3・4学年	第5・6学年
知識及び技能	次の運動遊びの楽しさに触れ，その行い方を知るとともに，易しいゲームをすること。 ア　ボールゲームでは，簡単なボール操作と攻めと守りの動きによって，易しいゲームをすること。 イ　鬼遊びでは，一定の区域で，逃げる，追いかける，陣地を取り合うなどをすること。	次の運動の楽しさや喜びに触れ，その行い方を知るとともに，易しいゲームをすること。 ア　ゴール型ゲームでは，基本的なボール操作とボールを持たないときの動きによって，易しいゲームをすること。 イ　ネット型ゲームでは，基本的なボール操作とボールを操作できる位置に体を移動する動きによって，易しいゲームをすること。 ウ　ベースボール型ゲームでは，蹴る，打つ，捕る，投げるなどのボール操作と得点をとったり防いだりする動きによって，易しいゲームをすること。	次の運動の楽しさや喜びを味わい，その行い方を理解するとともに，その技能を身に付け，簡易化されたゲームをすること。 ア　ゴール型では，ボール操作とボールを持たないときの動きによって，簡易化されたゲームをすること。 イ　ネット型では，個人やチームによる攻撃と守備によって，簡易化されたゲームをすること。 ウ　ベースボール型では，ボールを打つ攻撃と隊形をとった守備によって，簡易化されたゲームをすること。
思考力，判断力，表現力等	簡単な規則を工夫したり，攻め方を選んだりするとともに，考えたことを友達に伝えること。	規則を工夫したり，ゲームの型に応じた簡単な作戦を選んだりするとともに，考えたことを友達に伝えること。	ルールを工夫したり，自己やチームの特徴に応じた作戦を選んだりするとともに，自己や仲間の考えたことを他者に伝えること。
学びに向かう力，人間性等	運動遊びに進んで取り組み，規則を守り誰とでも仲よく運動をしたり，勝敗を受け入れたり，場や用具の安全に気を付けたりすること。	運動に進んで取り組み，規則を守り誰とでも仲よく運動をしたり，勝敗を受け入れたり，友達の考えを認めたり，場や用具の安全に気を付けたりすること。	運動に積極的に取り組み，ルールを守り助け合って運動をしたり，勝敗を受け入れたり，仲間の考えや取組を認めたり，場や用具の安全に気を配ったりすること。

内容の取扱い		内容の「Eゲーム」の(1)のアについては，味方チームと相手チームが入り交じって得点を取り合うゲーム及び陣地を取り合うゲームを取り扱うものとする。	内容の「Eボール運動」の(1)については，アはバスケットボール及びサッカーを，イはソフトバレーボールを，ウはソフトボールを主として取り扱うものとするが，これに替えて，ハンドボール，タグラグビー，フラッグフットボールなどア，イ及びウの型に応じたその他のボール運動を指導することもできるものとする。なお，学校の実態に応じてウは取り扱わないことができる。

※下線が改訂となった箇所

3　ボール運動系でポイントとなる事項

	○ポイントとなる事項　　◎今回の改訂でポイントとなる事項
知識及び技能	◎「ゲームの行い方を知る，理解する」という「知識」に関する内容が新たに加えられた。このことは，「分かってできる」ことを目指すために，知識と技能を一体として捉えている。 ◎「ボール操作」と「ボールを持たないときの動き」がより明確に示された。各型などの攻防をめぐる楽しさは次のように捉えられる。 ・ボールゲーム：ねらったところにボールを投げたり，蹴ったりすること。 ・鬼遊び：相手から逃げたり，相手を追いかけたりすること。 ・ゴール型：得点しやすい空間にボールを運び，シュートしたり，それを防いだりすること。 ・ネット型：連携して攻防を組み立て，相手の捕りにくいところにボールを返したりすること。 ・ベースボール型：打撃により走者を進塁させたり，送球により進塁を止めること。 ○ゲームのもつ特性や魅力に応じて，ゲームの行い方が分かること。 ○ゲームに必要な基本的な技能を身に付けること。
思考力，判断	◎気付いた課題や課題を解決するための練習や活動，ゲームの作戦などを他者に伝えることが強調されている。見付けた課題を協働的に解決することや感じたことを共有することが求められている。 ○自己やチームの課題に気付くこと。 ○自己やチームの課題を解決するために自己やチームの特徴に応じた作戦を選ん

<table>
<tr><td>力，表現力</td><td>だりすること。
○自己やチームの課題を解決するために考えた作戦や練習を仲間に伝えたり，仲間と話し合ったりすること。</td></tr>
<tr><td>学びに向かう力，人間性等</td><td>◎「公正，協力，責任，参画，共生，健康・安全」などのスポーツの価値を運動への多様な関わり方を通して，身に付けさせることが示された。
◎勝敗に対する強いこだわり，苦手な集団での活動など，学習活動を進める上で生じる困難さに応じた指導を工夫する。
○進んでゲームや練習に取り組むこと。
○チームを越えて，誰とでも仲良くしたり，公正公平な態度でゲームを行ったり仲間の考えを認めたりしながら活動すること。
○勝敗を素直に受け入れたり，ルールやマナーを守ったりして活動すること。</td></tr>
</table>

4　ボール運動系の年間計画（例）

〈第１・２学年〉各学年25時間配当

<table>
<tr><th></th><th colspan="2">4月～7月</th><th colspan="2">9月～12月</th><th colspan="2">1月～3月</th></tr>
<tr><td>第1学年</td><td colspan="2">鬼遊び③
一人鬼・手つなぎ鬼
子増やし鬼</td><td>ボール投げゲーム⑤
転がしドッジボール</td><td>ボール蹴りゲーム⑤
的当てゲーム</td><td>鬼遊び⑥
宝取り鬼</td><td>ボール投げゲーム⑥
相手コートにボールを投げ入れるゲーム</td></tr>
<tr><td>第2学年</td><td>鬼遊び⑤
ボール運び鬼</td><td>ボール投げゲーム⑤
島ドッジボール</td><td>ボール投げゲーム⑤
シュートゲーム</td><td>ボール蹴りゲーム⑤
的当てゲーム</td><td colspan="2">ボール蹴りゲーム⑤
相手コートにボールを蹴り入れるゲーム</td></tr>
</table>

〈第３・４学年〉第３学年25時間，第４学年27時間配当

<table>
<tr><th></th><th colspan="2">4月～7月</th><th colspan="2">9月～12月</th><th colspan="2">1月～3月</th></tr>
<tr><td>第3学年</td><td colspan="2">ネット型ゲーム⑤
ソフトバレーボールを基にした易しいゲーム</td><td>ベースボール型ゲーム⑤
攻める側がボールを投げて行う易しいゲーム</td><td>ゴール型ゲーム⑤
タグラグビーを基にした易しいゲーム</td><td>ゴール型ゲーム⑤
ハンドボールを基にした易しいゲーム</td><td>ゴール型ゲーム⑤
ラインサッカーを基にした易しいゲーム</td></tr>
</table>

第4学年	ネット型ゲーム⑥ プレルボールを基にした易しいゲーム	ゴール型ゲーム⑤ ハンドボールを基にした易しいゲーム	ゴール型ゲーム⑤ ポートボールを基にした易しいゲーム	ベースボール型ゲーム⑤ 攻める側がボールを投げて行う易しいゲーム	ゴール型ゲーム⑥ ラインサッカーを基にした易しいゲーム

〈第５・６学年〉各学年19時間配当

	4月～7月	9月～12月	1月～3月
第5学年	ネット型⑥ ソフトバレーボールを基にした簡易化されたゲーム	ベースボール型⑥ ティーボールを基にした簡易化されたゲーム	ゴール型⑦ タグラグビーを基にした簡易化されたゲーム
第6学年	ネット型⑥ ソフトバレーボールを基にした簡易化されたゲーム	ゴール型⑥ バスケットボールを基にした簡易化されたゲーム	ゴール型⑦ サッカーを基にした簡易化されたゲーム

年間計画を作成する際は，児童の実態や運動経験を十分に理解したうえで，「攻守分離→攻守交代→攻守混合」や「手を使ったゴール型ゲーム→足を使ったゴール型ゲーム」という順番でバランスよくゲームや鬼遊びを行う。

〈第１・２学年での留意点〉

○鬼遊びでは，「体を低くしたり，ひねったりすること」「動きやスピードを変化させること」「方向転換をしたり，左右に体をうごかしたりすること」などの動きを身に付けられるようなゲームに取り組む。

○ボールゲームでは，「シュートする楽しさ」を味わわせるために，１人１個ボールを持ち，ボール操作の経験を十分に味わえるようなゲームに取り組む。さらに，友達と協力してパスをすることでシュートするチャンスを作り出せる要素のあるゲームにも取り組む。

〈第３・４学年での留意点〉

○三つの型のゲームにバランスよく取り組むことで，様々な運動経験を積み重ねられるようにする。

○「チームで協力してゲームに勝つこと」を学習の重点にし，低学年で身に付けたことを基に，ゲームの型の特徴に応じた簡単な作戦を選ぶことができるようなゲームを設定し，取り組む。

〈第５・６学年での留意点〉

○三つの型の配列を考慮してバランスよく取り組み，全員が楽しめるルールを考えたり，ゲームとゲームの間の振り返りを全体で共有したりして，運動の楽しさや喜びを味わわせる。

○「手を使ったゴール型ゲーム→足を使ったゴール型ゲーム」という順番で設定し，ボールを持たないときの動きや効果的な作戦の選び方を学習する。また，身に付けた力を次のゲームに生かす。

[表現運動系]

1　表現運動系領域の目指す姿

学びに向かう力，人間性等

（低・表現遊び）
友達と遊園地遊びができたのでよかったです。一緒に乗り物になれたからです。

（中・表現）
餅つきで餅になりきって伸びたり縮んだりして楽しかったです。今度は他の食べ物になってみたいです。

（高・表現）
〇〇さんのグループからアドバイスされたことを生かして踊ることができました。

（低・リズム遊び）
リズムに合わせて友達と一緒に踊って楽しかったです。

（中・リズムダンス）
〇〇さんがステップを工夫していて，とても上手でした。

（高・フォークダンス）
みんなと心を一つにして踊ると，体全体がたくさん動いて心地よかったです。次もみんなで踊りたいです。

知識及び技能

（低・表現遊び）遊園地の楽しいお話ができました。ジェットコースターになってビュンビュン走るところが楽しくできました。

（低・リズム遊び）○○のリズムに乗って踊ることができました。曲が変わったら，それに合わせて動きも変えました。

（中・表現）カードに出てきたことに，はじめとおわりをつけて踊りました。

（中・リズムダンス）リズムに乗ってのりのりで踊りました。体をひねったり，回ったりして踊りました。

（高・表現）ポップコーンができる場面で，体を小さくしたり，思いっきりはじけたりしながらひとまとまりの動きができました。

（高・フォークダンス）マイムマイムでは，音楽に合わせたステップで，声を出しながら踊ることができました。

思考力，判断力，表現力等

（低・表現遊び）ジェットコースターの動きをたくさん見つけました。ぼくが先頭のときは，回るところが多いコースにしました。

（低・リズム遊び）友達の動きがよかったので，クラスのみんなに教えました。

（中・表現）洗濯機の中でTシャツが回る様子を表現することにしました。

（中・リズムダンス）サンバのリズムで友達とステップを踏んで踊りました。二つのグループで一緒に踊ったら楽しかったです。

（高・表現）私たちのグループは，花火をみんなで一斉に飛び出すような工夫をしました。

（高・フォークダンス）みんなでそろって踊るために，言葉でリズムをとることにしました。

2　表現運動系領域

	第1・2学年	第3・4学年	第5・6学年
知識及び技能	次の運動遊びの楽しさに触れ，その行い方を知るとともに，題材になりきったりリズムに乗ったりして踊ること。 ア　表現遊びでは，身近な題材の特徴を捉え，全身で踊ること。 イ　リズム遊びでは，軽快なリズムに乗って踊ること。	次の運動の楽しさや喜びに触れ，その行い方を知るとともに，表したい感じを表現したりリズムに乗ったりして踊ること。 ア　表現では，身近な生活などの題材からその主な特徴を捉え，表したい感じをひと流れの動きで踊ること。 イ　リズムダンスでは，軽快なリズムに乗って全身で踊ること。	次の運動の楽しさや喜びを味わい，その行い方を理解するとともに，表したい感じを表現したり踊りで交流したりすること。 ア　表現では，いろいろな題材からそれらの主な特徴を捉え，表したい感じをひと流れの動きで即興的に踊ったり，簡単なひとまとまりの動きにして踊ったりすること。 イ　フォークダンスでは，日本の民踊や外国の踊りから，それらの踊り方の特徴を捉え，音楽に合わせて簡単なステップや動きで踊ること。
思考力，判断力，表現力等	(2)　身近な題材の特徴を捉えて踊ったり，軽快なリズムに乗って踊ったりする簡単な踊り方を工夫するとともに，考えたことを友達に伝えること。	(2)　自己の能力に適した課題を見付け，題材やリズムの特徴を捉えた踊り方や交流の仕方を工夫するとともに，考えたことを友達に伝えること。	(2)　自己やグループの課題の解決に向けて，表したい内容や踊りの特徴を捉えた練習や発表・交流の仕方を工夫するとともに，自己や仲間の考えたことを他者に伝えること。
学びに向かう力，人間性等	(3)　運動遊びに進んで取り組み，誰とでも仲よく踊ったり，場の安全に気を付けたりすること。	(3)　運動に進んで取り組み，誰とでも仲よく踊ったり，友達の動きや考えを認めたり，場の安全に気を付けたりすること。	(3)　運動に積極的に取り組み，互いのよさを認め合い助け合って踊ったり，場の安全に気を配ったりすること。

内容の取扱い	(3)　内容の「F表現リズム遊び」の(1)のイについては，簡単なフォークダンスを含めて指導することができる。	(4)　内容の「F表現運動」の(1)については，学校や地域の実態に応じてフォークダンスを加えて指導することができる。	(6)　内容の「F表現運動」の(1)については，学校や地域の実態に応じてリズムダンスを加えて指導することができる。

※下線が改訂となった箇所

3　表現運動系でポイントとなる事項

	○ポイントとなる事項　　◎今回の改訂でポイントとなる事項
知識及び技能	◎「運動の行い方を知る・理解する」という「知識」に関する内容が新設された。このことは，「分かってできる」という知識と技能をより一体として捉えている。
思考力，判断力，表現力等	◎「考えたことを友達に伝えること・他者に伝えること」が内容として設定された。見付けた課題を協働的に解決することや感じたことを共有することが求められている。 ◎第１・２学年では「身近な題材の特徴」第３・４学年では，「題材やリズムの特徴」第５・６学年では「表したい内容や踊りの特徴」を捉えることが求められている。 ◎第３・４学年でも「踊り方や交流の工夫をすること」が内容に加えられた。 ○自分に合った課題を選択できるようにすること。 ○自分の課題が見つけやすいよう，友達の運動を見たり，見てもらったりする中で，気付いたことを伝え合うようにすること。
学びに向かう力，人間性等	◎「誰とでも仲よく運動できること」という内容が設定された。また，第３・４学年でも「友達の考えを認めること」が内容に加えられた。インクルーシブ教育システムの理念推進に向けても，個々の違いを認め合いながら，共に学ぶことが大切にされている。 ○友達に励ましの声をかけるようにすること。

４　表現運動系の年間計画（例）

〈第１・２学年〉第１学年７時間，第２学年10時間配当

第1学年	リズム遊び④ ・身近な曲・ロックのリズム・サンバのリズム 表現遊び③ ・動物園
第2学年	リズム遊び④ ・身近な曲・ロックのリズム・サンバのリズム・ダンスパーティー
	表現遊び⑥ ・遊園地

〈第３・４学年〉各学年10時間配当

第3学年	リズムダンス④ ・ロックのリズム ・サンバのリズム ・ダンス交流会	表現⑥ ・楽しい冬休み 雪遊び（雪合戦，雪だるま，そり遊び） お餅（餅つき，餅を食べる） お正月遊び（凧揚げ，羽根つき）
第4学年	リズムダンス④ ・ロックのリズム ・サンバのリズム ・選んで踊る ・ダンス交流会	表現⑥ ・○○探検！ ジャングル（しげみを分け入って，吊り橋，洞窟） 宇宙（ロケット発射，宇宙遊泳，宇宙人との遭遇） 海底（クラゲのダンス，大だこ発見，サメがおそってきた）

〈第５・６学年〉各学年10時間配当

第5学年	フォークダンス④ ・ソーラン節 ・グスタフス・スコール	表現⑥ ・対決！！ １対１（ボクシング，綱引き） 追う，追われる（警察と泥棒，忍者） 危機一髪！○○（船が沈むっ！，味方を救出せよ）
第6学年	フォークダンス④ ・マイムマイム ・コロブチカ ・阿波踊り	表現⑥ ・大変だ！○○ ・身近な生活（急変する洗濯物，はじけるポップコーン） ・自然・社会（火山，暴風雨） ・群が生きる内容（朝のラッシュアワー，花火）

〈第1・2学年での留意点〉

○第1・2学年では，毎時間表現遊びとリズム遊びに取り組む計画を立てている。リズム遊びでも心と体を解放させ，思い切り表現できるようにつなげていく。

〈第3・4学年での留意点〉

○第3学年の前半は，表現でのびのびと表現する楽しさを味わわせる。後半はリズムダンスで交流の工夫もさせる。第4学年では，前年度学んだリズムダンスから入り，後半に表現を指導し，高学年につないでいく。

〈第5・6学年での留意点〉

○恥ずかしさが出てきやすい時期なので，前半にフォークダンス，民謡に取り組ませ，後半の表現につなげる。6年生の最後を表現にすることで，中学校につなげる。

［保健領域］

1　保健領域の目指す姿

知識及び技能

（中）心と体の調子のよい状態を健康っていうことが分かりました。

（中）体の変化には個人差があって，思春期には，初経，精通，変声，発毛が起こることが分かりました。

（高）「見えにくく，入りやすい所」は犯罪が起きやすい場所だということが分かりました。

（高）特に，害が大きいから未成年の喫煙や飲酒は法律で禁止されていることが分かりました。

思考力，判断力，表現力等

（中）勉強するときに，部屋を明るくする理由を考えました。

（中）大人に近付く体の変化を調べて，学習カードに書いて友達に伝えました。

（高）不安や悩みがあるときは，自分に合った方法で気分を変えられるように，音楽を聞くことにしました。

（高）清潔にする，冷やす，おさえて血を止めるなどの中からけがの手当の方法として適しているものをみんなで考えました。

2　保健領域

	第３学年	第４学年	第５学年	第６学年
知識及び技能	(1)　健康な生活について課題を見付け，その解決を目指した活動を通して，次の事項を身に付けることができるよう指導する。	(2)　体の発育・発達について，課題を見付け，その解決を目指した活動を通して，次の事項を身に付けることができるよう指導する。	(1)　心の健康について，課題を見付け，その解決を目指した活動を通して，次の事項を身に付けることができるよう指導する。 (2)　けがの防止について課題を見付け，その解決を目指した活動を通して，次の事項を身に付けることができるよう指導する。	(3)　病気の予防について，課題を見付け，その解決を目指した活動を通して，次の事項を身に付けることができるよう指導する。
	ア　健康な生活について理解すること。	ア　体の発育・発達について理解すること。	ア　心の発達及び不安や悩みへの対処について理解するとともに，簡単な対処をすること。 ア　けがの防止について理解するとともに，けがなどの簡単な手当をすること。	ア　病気の予防について理解すること。
思考力，判断力，表現力等	イ　健康な生活について課題を見付け，その解決に向けて考え，表現すること。	イ　体がよりよく発育・発達するために，課題を見付け，その課題に向けて考え，それを表現すること。	イ　心の健康について，課題を見付け，その解決に向けて思考し判断するとともに，それらを表現すること。	イ　病気を予防するために，課題を見付け，その解決に向けて思考し判断するとともに，それらを表現すること。

			イ　けがを防止するために，危険の予測や回避の方法を考え，それらを表現すること。	
内容の取扱い	(5)　内容の「G保健」については，(1)を第３学年，(2)を第４学年で指導するものとする。 (6)　内容の「G保健」の(1)については，学校でも，健康診断や学校給食など様々な活動が行われていることについて触れるものとする。 (7)　内容の「G保健」の(2)については，自分と他の人では発育・発達などに違いがあることに気付き，それらを肯定的に受け止めることが大切であることについて触れるものとする。 (8)　各領域の各内容については，運動と健康が密接に関連していることについての具体的な考えがもてるよう指導すること。		(7)　内容の「G保健」については，(1)及び(2)を第５学年，(3)を第６学年で指導するものとする。また，けがや病気からの回復についても触れるものとする。 (8)　内容の「G保健」の(3)のアの(エ)の薬物については，有機溶剤の心身への影響を中心に取り扱うものとする。また，覚醒剤等についても触れるものとする。 (9)　各領域の各内容については，運動領域と保健領域との関連を図る指導に留意すること。	

※下線が改訂となった箇所

3　保健領域でポイントとなる事項

	○ポイントとなる事項　　◎今回の改訂でポイントとなる事項
知識及び技能	◎現行の学習指導要領の保健領域には，「知識」はあったが，今回の学習指導要領改訂により「技能」が追加され，「知識及び技能」となった。 ◎健康な生活，体の発育・発達，心の健康，けがの防止，病気の予防に関する知識，不安や悩みへの対処やけがの手当に関する技能の習得を図り，身近な生活に活用できる知識・技能。 ◎「３　内容の取り扱い」のところでは，「また，けがや病気からの回復についても触れるものとする。」という記述がある。適切なけがの手当や，病原体に対する体の抵抗力や早期治療の効果も取り上げるようにする。
思考力，判断力，	◎「思考力・判断力・表現力等」では，「身近な健康課題に気付き，健康を保持増進するための情報を活用し，課題解決する力」という記述があり，「情報」という言葉が新しく追加された。 ◎「思考力・判断力・表現力等」の内容が追加された。 ◎身近な健康課題に気付き，正しい健康情報を集めて，課題の解決方法を予想し，

表現力等	考える，学んだことを自己の生活と関連付ける，健康に関する自己の考えを伝える等の思考力，判断力，表現力等。 ○「保健の指導に当たっては，健康に関心をもてるようにし，健康に関する課題を解決する学習活動を取り入れるなどの指導方法の工夫を行うこと。」という記述がある。現行の指導要領にある「知識を活用する学習活動」と表現は異なるが内容は同じと考えてよい。

４　保健領域の年間計画（例）

第３学年	①健康な生活	②１日の生活の仕方	③体の清潔	④身の回りの環境
第４学年	①体の発育・発達	②思春期の体の変化①	③思春期の体の変化②	④体をよりよく発育・発達させるための生活
第５学年	①心の発達	②心と体の密接な関係	③不安や悩みへの対処①	④不安や悩みへの対処②
	⑤けがや事故の発生	⑥交通事故の防止	⑦犯罪被害の防止	⑧けがの手当
第６学年	①病気の起こり方	②病原体が主な要因となって起こる病気の予防①	③病原体が主な要因となって起こる病気の予防②	④生活行動が主な要因となって起こる病気の予防①
	⑤生活行動が主な要因となって起こる病気の予防②	⑥喫煙，飲酒の害と健康	⑦薬物乱用と健康	⑧地域の様々な保健活動の取組

〈留意点〉

新学習指導要領「第３　指導計画の作成と内容の取扱い」では，「第３学年及び第４学年では，２学年間で８単位時間程度，第５学年及び第６学年の内容の「G保健」に配当する授業時数は，２学年間で16単位時間程度とすること」「効果的な学習が行われるよう適切な時期に，ある程度まとまった時間を配当すること」という記述があり，連続して学習を行う必要がある。

第４節
学習指導要領で描く体育科の単元の在り方

１　学年別年間指導計画とその配慮事項

体育の年間指導計画を作成するにあたって配慮すべき事項は，以下のとおりであるが，児童の実態を踏まえた上で，98ページの年間指導計画例と合わせて活用してほしい。

(1)　誰もが楽しめる運動から

運動が苦手な児童や運動に意欲的ではない児童も苦手な児童も，全ての児童が，楽しく，安心して運動に取り組むことができるように，各学年の１年間のスタートを「体ほぐしの運動（遊び）」とした。自己の心と体の関係に気付くことや仲間と交流することをねらいとしながら，誰もが楽しめる手軽な運動（遊び）を通して，「運動することが楽しい」「もっとやってみたい」と思えるように，全学年で設定した。

また，誰もが今持っている力で楽しむことができる運動領域あるいは，友達との関わりを十分に味わうことができる領域を設定し，運動の楽しさを十分に味わってから，「できるようになりたい」「ここを伸ばしたい」（課題解決）という気持ちに変わっていくことを期待し，学年別年間指導計画を作成しておく。

(2)　弾力的な扱いを

指導計画の作成においては，全ての領域がバランスよく行われるようにするとともに，ある程度の幅をもってよいことが示された。児童の実態に応じて，低・中・高学年の二つの学年を一つの単位として考える中で弾力的な扱いを工夫することにより，一人一人の児童がじっくり取り組むことができ，指導内容のより確実な定着を図ることができると考えた。

(3)　系統性に応じた学習のスタイル

体つくり運動系，器械運動系，陸上運動系，水泳運動系，ボール運動系，表現運動系の六つの領域は楽しみ方や解決すべき課題やその解決方法が異なるため，領域に応じた授業のモデルを意図的に取り入れた学習が効果的である。さらに，その領域を一度にまとめて学習するのではなく，繰り返し経験することにより，その領域の学習の行い方を身に付けることができるようになる。このことから，学期に１回程度経験をさせることができるよう，意図的に指導計画を作成することが重要である。

また，その学習する順序は，児童にとって，馴染みのあるものや，取り組みやすいものから始めるようにした。例えば，３年生の器械運動では，マット運動（１学期）→鉄棒運動（２学期）→跳び箱運動（３学期）のように，恐怖心が少ないものから取り組むことや，身に付けた体の動かし方や運動感覚を次の学習に生かすことができるように組むことが望ましい。

(4)　低学年は合科的に

幼児期において自発的な活動としての運動遊びを通して育まれてきたことにより，活動と場，体験と感情が密接に結び付いている。同じような発達の特性をもつ低学年の児童が，主体的に自己を発揮しながら学びに向かうことが可能となるように，生活科を中心に合科的・関連的なスタートプログラムを設定していきたい。

学校の実態に応じて，１，２年生の生活科で，４月に行われる「校庭であそぼう」という活動をきっかけにして「もっとあそびたいな」という内発的に動機付けを大切にして「固定施設・鉄棒を使った運動遊び」につなげていくというような設定も必要である。

(5)　投の動きの獲得は低・中学年で

陸上運動系では，児童の投能力の低下傾向が引き続き深刻な現状にあることに鑑み，投の運動（遊び）を加えて扱うことができることにした。児童の発育・発達的な観点から，動作の獲得は，神経系統の発達を考慮しながら，運動遊びとして始めることが望ましい。実態に応じて，走・跳の運動（遊び）の中で，取り扱うようにする。

2　単元編成の配慮事項

(1)　発達の段階を考慮する

低・中学年においては，発達の段階から体力を高めることを学習の直接の目的とすることは難しいことから，将来の体力の向上につなげていくには，神経系統が発達するこの時期に様々な体の動きを培っておくことが重要である。この時期の児童には，動きを繰り返しトレーニングするのではなく，「運動遊び」として，易しい運動と出会い，伸び伸びと体を動かす楽しさや心地よさを味わう遊びであることが強調されている。これは，就学前の運動遊びの経験を引き継ぎ，様々な運動遊びに親しむことを意図している。

また，運動遊びには，自分で選んだり，遊び方を工夫したりする要素が含まれることから，「各種の運動を簡単にすればよい」という発想は厳に慎んでほしい。

(2)　２年間を通しての目標を達成する

目標を低・中・高の３段階で示すことは，二つの学年を一つの単位として目標を設定することであり，それぞれの資質・能力の三つの柱に応じた発達の段階を考慮し，指導することが可能になる。また，学習指導に弾力性をもたせることで，児童の実態に応じた指導をより適切に行い，個に応じた多様な学習を段階的に取り入れることができる。

例えば，走の運動遊びの(2)アの工夫の例には，「様々な遊びの中から，自己に適した運動遊びの場を選ぶ」と書かれているが，これを，２年間を通した単元計画にすると次のようになる。

《走・跳の運動遊び単元計画例》

◇第１学年

時間	1	2～4
学習活動	行い方を知る	場を工夫して楽しむ
	基になる遊びで楽しむ	場を選んで工夫して楽しむ

※１年生では，まず，基になる遊びを経験し，もう一度やってみたい場を選んで楽しむ。

◇第２学年

時間	1	2～4	4～5
学習活動	行い方を知る	場を工夫して楽しむ	遊び方を工夫して楽しむ
	場を選んで楽しむ	場を選んで工夫して楽しむ	自分に合った遊び方を工夫して楽しむ

※第１学年での学習経験を生かし，２年生では，場を選んで遊び工夫して楽しむ。さらに，友達の運動遊びから見付けた，自分に合った楽しいと感じた遊び方で楽しむ。

※第２学年では，遊び方の視点（競争する遊び，挑戦する遊び，動きを合わせる遊び，動きをまねする遊びなど）の工夫にも焦点を当て，友達と遊び方を共有できるようにしたい。

(3)　特性に応じた単元の編成を

○○系の運動で単元を編成する場合は，その特性に応じた行いを理解することが重要である。これらは，楽しみ方や解決すべき課題や解決方法に共通するモデルに分けられる。したがって，その領域は，いつも同じ学習の流れで単元を編成していく。また，それらを３～４

年間，小学校高学年までに身に付けてほしい姿を目標にし意図的・計画的に積み上げていく。それにより，領域が目指す資質・能力を効果的に育成していくことが可能になる。

(4)　同系列の単元を編成するときは

学習指導要領の解説の例示には，主として取り扱うものが示されている。将来の多様な動きへの気付きを促し，主体的に活用していけるような運動学習を身に付けさせたい。例えば高学年ボール運動のネット型には，主にソフトバレーボールが示されているが，中学年では，天大中小などの昔遊び，プレルボール，テニスなどを基にした易しいゲームも示されている。児童の様々な運動の体験が，将来の運動実践の足場づくりとなり，生涯にわたっての豊かなスポーツライフにつながるのである。

■第１学年　年間指導計画例　102時間

学期	1学期 (36時間)							
時間	1 2	3 4 5 6 7 8 9	10 11 12	13 14 15 16 17	18 19 20 21	22 23 24 25 26	27 28 29 30 31	32 33 34 35 36
領域	体つくり運動	器械・器具を使っての運動遊び	ゲーム	体つくり運動	表現リズム遊び	走・跳の運動遊び	走・跳の運動遊び	水遊び
内容	体ほぐしの運動遊び ②	固定施設・鉄棒を使った運動遊び ⑦	鬼遊び 宝とり鬼 ③	多様な動きをつくる運動遊び バランス・ボール ⑤	リズム遊び 表現遊び ④	走の運動遊び かけっこ・折り返しリレー ⑤	投の運動遊び いろいろなげっこ ⑤	水に慣れる遊び, 浮く・もぐる遊び ⑩

学期	2学期 (39時間)						
時間	37 38 39 40 41	42 43 44 45 46	47 48 49 50 51 52	53 54 55 56 57	58 59 60 61 62	63 64 65 66 67	68 69 70 71 72
領域	水遊び	ゲーム	器械・器具を使っての運動遊び	体つくり運動	ゲーム	走・跳の運動遊び	体つくり運動
内容	水に慣れる遊び, 浮く・もぐる遊び ⑩	ボールゲーム 転がしドッジボール ⑤	マットを使っての運動遊び ⑥	多様な動きをつくる運動遊び 力試し・輪缶ぽっくり ⑤	ボールゲーム 的当てゲーム ⑤	走の運動遊び いろいろかけっこ ⑤	多様な動きをつくる運動遊び 移動・短縄缶ぽっくり ⑤

学期	2学期 (39時間)	3学期 (27時間)				
時間	73 74 75	76 77 78 79 80	81 82 83 84 85 86	87 88 89 90 91	92 93 94 95 96	97 98 99 100 101 102
領域	表現リズム遊び	ゲーム	器械・器具を使っての運動遊び	走・跳の運動遊び	体つくり運動	ゲーム
内容	リズム遊び 表現遊び ③	鬼遊び ⑥	跳び箱を使っての運動遊び ⑥	跳の運動遊び 幅跳び・ケンパー跳び・ゴム跳び遊び ④	多様な動きをつくる運動遊び 移動・バランス 長縄 ⑤	ボールゲーム ボール蹴りゲーム ⑥

■第２学年　年間指導計画例　105時間

学期	１学期（36時間）							
時間	1 2	3 4 5 6 7	8 9 10 11 12	13 14 15 16 17 18	19 20 21 22	23 24 25 26 27 28	29 30 31 32 33	34 35 36
領域	体つくり運動	ゲーム	体つくり運動	器械・器具を使っての運動遊び	表現リズム遊び	走・跳の運動遊び	ゲーム	水遊び
内容	体ほぐしの運動遊び ②	鬼遊び ボール運び鬼 ⑤	多様な動きをつくる運動遊び バランス.移動・ボール ⑤	固定施設・鉄棒を使った運動遊び ⑥	リズム遊び 表現遊び ④	走の運動遊び かけっこ・折り返しリレー ⑥	ボールゲーム 島ドッジボール ⑤	水に慣れる遊び,浮く・もぐる遊び ⑩

学期	２学期（42時間）						
時間	37 38 39 40 41 42 43	44 45 46 47 48 49	50 51 52 53 54	55 56 57 58 59	60 61 62 63 64	65 66 67 68	69 70 71 72
領域	水遊び	器械・器具を使っての運動遊び	体つくり運動	走・跳の運動遊び	ゲーム	走・跳の運動遊び	体つくり運動
内容	水に慣れる遊び,浮く・もぐる遊び ⑩	マットを使っての運動遊び ⑥	多様な動きをつくる運動遊び 力試し・短縄 缶ぽっくり ⑤	投の運動遊び いろいろなげっこ ⑤	ボールゲーム 的当てゲーム ⑤	跳の運動遊び 幅跳び・ケンパー跳び・ゴム跳び遊び ④	多様な動きをつくる運動遊び 移動・バランス輪 ⑤

学期	２学期（42時間）		３学期（27時間）				
時間	73	74 75 76 77 78	79 80 81 82 83 84	85 86 87 88 89 90	91 92 93 94 95	96 97 98 99 100	101 102 103 104 105
領域		ゲーム	表現リズム遊び	器械・器具を使っての運動遊び	走・跳の運動遊び	体つくり運動	ゲーム
内容		ボールゲーム 的当てゲーム ⑤	リズム遊び 表現遊び ⑥	跳び箱を使っての運動遊び ⑥	走の運動遊び 障害物リレー ⑤	多様な動きをつくる運動遊び 移動・バランス 長縄 ⑤	ボールゲーム ボール蹴りゲーム ⑤

■第３学年　年間指導計画例　105時間

学期	１学期（32時間）							２学期（47時間）
時間	1 2	3 4 5 6 7	8 9 10 11	12 13 14 15 16 17	18 19 20 21	22 23 24 25 26 27	28 29 30 31 32	33 34 35 36
領域	体つくり運動	ゲーム	体つくり運動	走・跳の運動	表現運動	器械運動	水泳運動	
内容	体ほぐしの運動②	ネット型ゲーム 天大中小 プレルボール⑤	多様な動きをつくる運動遊び 移動 Gボール・長縄 竹馬・一輪車④	かけっこ・リレー⑥	リズムダンス④	マット運動⑥	浮いて進む・もぐる 浮く運動⑩	

学期	２学期（47時間）								
時間	37	38 39 40 41 42	43 44 45	46 47 48 49	50 51 52 53 54 55	56 57 58 59 60 61	62 63 64 65 66	67 68 69 70	71 72
領域		ゲーム	走・跳の運動	体つくり運動	表現運動	器械運動	走・跳の運動	体つくり運動	
内容		ベースボール型ゲーム ティーボールなど⑤	いろいろかけっこ③	多様な動きをつくる運動 移動・バランス 輪④	表現⑥	鉄棒運動⑥	投の運動 小型ハードル走⑤	多様な動きをつくる運動 移動・力試し ボール④	

学期	２学期（47時間）		３学期（26時間）				
時間	73 74 75	76 77 78 79	80 81 82 83 84 85	86 87 88 89	90 91 92 93 94 95	96 97 98 99 100	101 102 103 104 105
領域	ゲーム	保健	走・跳の運動	体つくり運動	器械運動	ゲーム	ゲーム
内容	ゴール型ゲーム タグラグビー⑤	健康な生活④	幅跳び⑥	多様な動きをつくる運動 移動・バランス 短縄④	跳び箱運動⑥	ゴール型ゲーム 的当てハンドボール⑤	ゴール型ゲーム ラインサッカー⑤

■第４学年　年間指導計画例　105時間

<table>
<tr><td>学　期</td><td colspan="36">１学期
（36時間）</td></tr>
<tr><td>時　間</td><td>1</td><td>2</td><td>3</td><td>4</td><td>5</td><td>6</td><td>7</td><td>8</td><td>9</td><td>10</td><td>11</td><td>12</td><td>13</td><td>14</td><td>15</td><td>16</td><td>17</td><td>18</td><td>19</td><td>20</td><td>21</td><td>22</td><td>23</td><td>24</td><td>25</td><td>26</td><td>27</td><td>28</td><td>29</td><td>30</td><td>31</td><td>32</td><td>33</td><td>34</td><td>35</td><td>36</td></tr>
<tr><td>領　域</td><td colspan="2">体つくり運動</td><td colspan="6">ゲーム</td><td colspan="4">体つくり運動</td><td colspan="5">走・跳の運動</td><td colspan="4">表現運動</td><td colspan="6">器械運動</td><td colspan="5">ゲーム</td><td colspan="4">水泳運動</td></tr>
<tr><td>内　容</td><td colspan="2">体ほぐしの運動
②</td><td colspan="6">ネット型ゲーム
ソフトバレーボール
⑥</td><td colspan="4">多様な動きをつくる運動遊び
移動
Gボール・長縄
竹馬・一輪車
④</td><td colspan="5">かけっこ・リレー
⑤</td><td colspan="4">リズムダンス
④</td><td colspan="6">マット運動
⑥</td><td colspan="5">ゴール型ゲーム
ポートボールなど
⑤</td><td colspan="4">浮いて進む・もぐる浮く運動
⑩</td></tr>
</table>

<table>
<tr><td>学　期</td><td colspan="36">２学期
（43時間）</td></tr>
<tr><td>時　間</td><td>37</td><td>38</td><td>39</td><td>40</td><td>41</td><td>42</td><td>43</td><td>44</td><td>45</td><td>46</td><td>47</td><td>48</td><td>49</td><td>50</td><td>51</td><td>52</td><td>53</td><td>54</td><td>55</td><td>56</td><td>57</td><td>58</td><td>59</td><td>60</td><td>61</td><td>62</td><td>63</td><td>64</td><td>65</td><td>66</td><td>67</td><td>68</td><td>69</td><td>70</td><td>71</td><td>72</td></tr>
<tr><td>領　域</td><td colspan="6">水泳運動</td><td colspan="2">走・跳の運動</td><td colspan="4">体つくり運動</td><td colspan="6">表現運動</td><td colspan="6">器械運動</td><td colspan="5">走・跳の運動</td><td colspan="5">ゲーム</td><td colspan="2">体つくり運動</td></tr>
<tr><td>内　容</td><td colspan="6">浮いて進む・もぐる浮く運動
⑩</td><td colspan="2">いろいろかけっこ
②</td><td colspan="4">多様な動きをつくる運動
移動・バランス
輪
④</td><td colspan="6">表現
⑥</td><td colspan="6">鉄棒運動
⑥</td><td colspan="5">投の運動
小型ハードル走
⑤</td><td colspan="5">ゴール型ゲーム
フラッグフットボール
⑤</td><td colspan="2">多様な動きをつくる運動
移動・力試し
ボール
④</td></tr>
</table>

<table>
<tr><td>学　期</td><td colspan="7">２学期
（43時間）</td><td colspan="26">３学期
（26時間）</td></tr>
<tr><td>時　間</td><td>73</td><td>74</td><td>75</td><td>76</td><td>77</td><td>78</td><td>79</td><td>80</td><td>81</td><td>82</td><td>83</td><td>84</td><td>85</td><td>86</td><td>87</td><td>88</td><td>89</td><td>90</td><td>91</td><td>92</td><td>93</td><td>94</td><td>95</td><td>96</td><td>97</td><td>98</td><td>99</td><td>100</td><td>101</td><td>102</td><td>103</td><td>104</td><td>105</td></tr>
<tr><td>領　域</td><td colspan="2">体つくり運動</td><td colspan="5">ゲーム</td><td colspan="4">保健</td><td colspan="6">走・跳の運動</td><td colspan="4">体つくり運動</td><td colspan="6">器械運動</td><td colspan="6">ゲーム</td></tr>
<tr><td>内　容</td><td colspan="2">多様な動きをつくる運動
移動・力試し
ボール
④</td><td colspan="5">ベースボール型ゲーム
スローイングベースボール
⑤</td><td colspan="4">体の発育・発達
④</td><td colspan="6">高跳び
⑥</td><td colspan="4">多様な動きをつくる運動
移動・バランス
短縄
④</td><td colspan="6">跳び箱運動
⑥</td><td colspan="6">ゴール型ゲーム
ラインサッカー
⑩</td></tr>
</table>

■第５学年　年間指導計画例　90時間

<table>
<tr><th>学期</th><td colspan="33">１学期
（33時間）</td><td colspan="3">２学期
（40時間）</td></tr>
<tr><th>時間</th><td>1</td><td>2</td><td>3</td><td>4</td><td>5</td><td>6</td><td>7</td><td>8</td><td>9</td><td>10</td><td>11</td><td>12</td><td>13</td><td>14</td><td>15</td><td>16</td><td>17</td><td>18</td><td>19</td><td>20</td><td>21</td><td>22</td><td>23</td><td>24</td><td>25</td><td>26</td><td>27</td><td>28</td><td>29</td><td>30</td><td>31</td><td>32</td><td>33</td><td>34</td><td>35</td><td>36</td></tr>
<tr><th>領域</th><td colspan="2">体つくり運動</td><td colspan="4">陸上運動</td><td colspan="6">ボール運動</td><td colspan="4">表現運動</td><td colspan="5">体つくり運動</td><td colspan="6">器械運動</td><td colspan="4">保健</td><td colspan="5">水泳運動</td></tr>
<tr><th>内容</th><td colspan="2">体ほぐしの運動
②</td><td colspan="4">短距離走・リレー
④</td><td colspan="6">ネット型
ソフトバレーボール
⑥</td><td colspan="4">リズムダンス
④</td><td colspan="5">体の動きを高める運動（柔軟，巧み）
⑤</td><td colspan="6">マット運動
⑥</td><td colspan="4">心の健康
④</td><td colspan="5">クロール，
平泳ぎ
安全確保
⑩</td></tr>
</table>

<table>
<tr><th>学期</th><td colspan="36">２学期
（40時間）</td></tr>
<tr><th>時間</th><td>37</td><td>38</td><td>39</td><td>40</td><td>41</td><td>42</td><td>43</td><td>44</td><td>45</td><td>46</td><td>47</td><td>48</td><td>49</td><td>50</td><td>51</td><td>52</td><td>53</td><td>54</td><td>55</td><td>56</td><td>57</td><td>58</td><td>59</td><td>60</td><td>61</td><td>62</td><td>63</td><td>64</td><td>65</td><td>66</td><td>67</td><td>68</td><td>69</td><td>70</td><td>71</td><td>72</td></tr>
<tr><th>領域</th><td colspan="5">水泳運動</td><td colspan="6">表現運動</td><td colspan="5">器械運動</td><td colspan="5">体つくり運動</td><td colspan="5">陸上運動</td><td colspan="6">ボール運動</td><td colspan="4">陸上運動</td></tr>
<tr><th>内容</th><td colspan="5">クロール，
平泳ぎ
安全確保
⑩</td><td colspan="6">表現
⑥</td><td colspan="5">鉄棒運動
⑤</td><td colspan="5">体の動きを高める運動（巧み，持続）
⑤</td><td colspan="5">ハードル走
⑤</td><td colspan="6">ベースボール型ティーボール
⑥</td><td colspan="4">走り幅跳び
⑤</td></tr>
</table>

<table>
<tr><th>学期</th><td></td><td colspan="17">３学期
（17時間）</td></tr>
<tr><th>時間</th><td>73</td><td>74</td><td>75</td><td>76</td><td>77</td><td>78</td><td>79</td><td>80</td><td>81</td><td>82</td><td>83</td><td>84</td><td>85</td><td>86</td><td>87</td><td>88</td><td>89</td><td>90</td></tr>
<tr><th>領域</th><td></td><td colspan="4">保健</td><td colspan="6">器械運動</td><td colspan="7">ボール運動</td></tr>
<tr><th>内容</th><td></td><td colspan="4">けがの防止
④</td><td colspan="6">跳び箱運動
⑥</td><td colspan="7">ゴール型
タグラグビー・
フラッグフットボール
⑥</td></tr>
</table>

■第６学年　年間指導計画例　90時間

学期	1学期（33時間）							1学期（33時間）／2学期（40時間）
時間	1 2	3 4 5 6	7 8 9 10 11 12	13 14 15 16	17 18 19 20 21	22 23 24 25 26 27	28 29 30 31	32 33 / 34 35 36
領域	体つくり運動	陸上運動	ボール運動	表現運動	体つくり運動	器械運動	保健	水泳運動
内容	体ほぐしの運動 ②	短距離走・リレー ④	ネット型 ソフトバレーボール・プレルボール ⑥	フォークダンス ④	体の動きを高める運動（柔軟，巧み） ⑤	マット運動 ⑥	病気の予防 ④	クロール，平泳ぎ 安全確保 ⑩

学期	2学期（40時間）						
時間	37 38 39 40 41	42 43 44 45 46 47	48 49 50 51 52	53 54 55 56 57	58 59 60 61 62	63 64 65 66 67 68	69 70 71 72
領域	水泳運動	表現運動	器械運動	体つくり運動	陸上運動	ボール運動	陸上運動
内容	クロール，平泳ぎ 安全確保 ⑩	表現 ⑥	鉄棒運動 ⑤	体の動きを高める運動（力強さ，持続） ⑤	ハードル走 ⑤	ゴール型 ハンドボール・バスケットボール ⑥	走り高跳び ⑤

学期		3学期（17時間）		
時間	73	74 75 76 77	78 79 80 81 82 83	84 85 86 87 88 89 90
領域		保健	器械運動	ボール運動
内容		病気の予防 ④	跳び箱運動 ⑥	ゴール型 サッカー ⑦

第５節
学習指導要領が期待する新しい体育科の学習過程

Q　これからの体育科の学習過程はどのようになりますか。

体育科における今回の改訂では，目標の内容として新たに「学習過程」についての言及が加わった。

> 体育や保健の見方・考え方を働かせ，課題を見付け，その解決に向けた学習過程を通して，心と体を一体として捉え，生涯にわたって心身の健康を保持増進し豊かなスポーツライフを実現するための資質・能力を次のとおり育成することを目指す。

全ての児童が，生涯にわたって豊かなスポーツライフを実現するための学習過程がより重視されたのである。

本書でも前述されているように，これからの授業には，「主体的・対話的で深い学び」が求められる。運動や健康に関する課題を発見し，その解決を図る主体的・協働的な学習活動を通して，「知識及び技能」「思考力，判断力，表現力等」「学びに向かう力，人間性等」という資質・能力の三つの柱の育成がどのように単元や授業の中に構想されているか，教科等の特性を生かす「深い学び」を実現する手立てがなされているかが，授業づくりの要となる。

すなわち，これからの授業は「何ができるようになるか」のために「どのように学ぶか」が指導内容と同等もしくは，それ以上の価値をもつことになる。

本節では，この具現化を担う「学習過程」の在り方について述べる。

1　新しい体育科の学習過程に向けて

新しい体育科の学習過程の創造に向けて，改訂のキーワードである

⑴　「主体的・対話的で深い学び」との関連

⑵　「見方・考え方」との関連

⑶　学習過程の改善の方向性

をあらためておさえておく。

(1)　「主体的・対話的で深い学び」と学習過程との関連

新しい体育科の学習過程の創造に向けて，まず，「主体的・対話的で深い学び」そのものが「学びの過程」であることを再認識する必要がある。これらの学びは単発で終わるのではなく，どの領域においても学習過程の中に溶け込んでいなくてはならない。

中央教育審議会の審議のまとめでは「主体的・対話的で深い学び」の視点を以下のように示している。

①　「主体的な学び」の視点は，運動の楽しさや健康の意義等を発見し，運動や健康についての興味や関心を高め，課題の解決に向けて粘り強く自ら取り組み，それを考察するとともに学習を振り返り，課題を修正したり新たな課題を設定したりする学びの過程である。

②　「対話的な学び」の視点は，運動や健康についての課題の解決に向けて，他者（書物等を含む）との対話を通して，自己の思考を広げ深めていく学びの過程と捉えられる。自他の運動や健康の課題の解決を目指して，協働的な学習を重視するものである。

③　「深い学び」の視点は，自他の運動や健康についての課題を発

見し，解決に向けて試行錯誤を重ね，思考を深め，よりよく解決する学びの過程と捉えられる。

学習過程を編成する際には，これら三つの学びの過程が「順序性や階層性を示すものでない」ことにも留意しつつ，児童が主体的に学ぶことの意味と自分の人生や社会の在り方を結びつけたり，多様な人との対話を通じて考えを広げたりしていくことを重視する必要がある。単なる知識や技能を記憶したり身に付けたりする学びにとどまらず，身に付けた資質・能力が様々な課題の対応に生かせることを実感できるような学びの深まりが期待されているからである。

そして，深い学びの過程を繰り返すことは，今回の改訂のポイントでもある体育科，保健体育科の「見方・考え方」を育てることにつながり，それが体育科，保健科における「生きる力」に結びつくのである。

(2)　深い学びを支える「見方・考え方」と学習過程との関連

いわば資質・能力の三つの柱を育む際のフィルターともなる「見方・考え方」は，豊かなスポーツライフを求めるこれからの体育科において，学習過程の重要なファクターとなる。

そのため，本節においても再度，この「見方・考え方」をおさえておく。

中央教育審議会答申によると

①　体育の「見方・考え方」とは……

運動やスポーツを，その価値や特性に着目して，楽しさや喜びとともに体力の向上に果たす役割の視点から捉え，自己の適性等に応じた「する，みる，支える，知る」の多様な関わり方と関連付けること。

②　保健の「見方・考え方」とは……

個人及び社会生活における課題や情報を，健康や安全に関する原則や概念に着目して捉え，疾病等のリスクの軽減や生活の質の向上，健康を支える環境づくりと関連づけること，とある。

後段に述べる学習過程の具体化において，この「見方・考え方」をあらゆる学習活動に活用すべきであることを念頭におかなければならない。

(3)　改善の方向性

審議のまとめからは，学習過程改善の方向性が次のように示されている。

①資質・能力を育成する学びの過程についての考え方

体育科，保健体育科における学習過程については，これまで心と体を一体として捉え，自己の運動や健康についての課題の解決に向け，積極的・自主的・主体的に学習することや，仲間と対話し協力して課題を解決する学習等を重視してきた。これらを引き続き重視するとともに，体育科，保健体育科で育成を目指す「知識及び技能」「思考力，判断力，表現力等」「学びに向かう力，人間性等」の資質・能力の三つの柱を確実に身に付けるために，その関係性を重視した学習過程を工夫する必要がある。

②資質・能力の三つの柱をバランスよく育むことができる学習過程

体育については，スポーツとの多様な関わり方を楽しむことができるようにする観点から，運動に対する興味や関心を高め，技能の指導に偏ることなく，「する，みる，支える」に「知る」を加え，資質・能力の三つの柱をバランスよく育むことができる学習過程を工夫し，充実を図る。また，粘り強く意欲的に課題の解決に取り組むとともに，自らの学習活動を振り返りつつ，仲間と共に課題を解決し，次の学びにつなげる主体的・対話的な学習過程を工夫し，充実を図る必要がある。

③保健の学習過程

保健については，健康に関心をもち，自他の健康の保持増進や回復を目指して，疾病等のリスクを減らしたり，生活の質を高めたりすることができるよう，知識の指導に偏ることなく，資質・能力の三つの柱をバランスよく育むことができる学習過程を工夫する必要がある。

上記(1)(2)(3)を踏まえ，「学習指導要領が期待する新しい体育科の学習過程」の具体論を以下に記す。

2　学習過程の創造のポイント

新しい体育科の学習過程も，ベースは課題解決的学習にある。本節前段でおさえた内容を鑑みた学習過程の創造を共有していく。

(1)　「主体的・対話的で深い学び」に視点を置いた学習過程のポイント

児童は必要があれば主体的にもなるし，必然的に課題解決のための対話も繰り返す。「主体的・対話的で深い学び」に視点を置いた学習過程の創造に必須なのは一人一人の必要感をともなった「課題設定」である。

そのために，「初発的な意欲の喚起」「ゴールイメージ」「自分事として取り組める課題設定」の三つが重要である。

学習過程の設定において教師は次の３点を具体化するのである。

①単元導入では子供たちと教材との出会いを工夫し，「面白そう！」「やってみたい！」という初発的な意欲をもたせること

②「なりたい自分（例：○○ができるようになった自分）」や「なりたいチーム像（例：かっこよくパスを回してシュートが決められるチーム）」を予めイメージさせる機会を確保すること

③（なりたい自分やチームに向けて）子供たち一人一人が『自分事』として関心のある課題をもつこと

さらに，こうした学習を展開する際，体育科の見方・考え方が「する，みる，支える，知る」であることに留意し，（運動量の確保を念

頭に置きながら）学習活動の幅を広げることを意識すべきであろう。

ポイント①必要感のある「課題設定」

(2)　体育科の「見方・考え方」に視点を置いた学習過程のポイント

「見方・考え方」が「する」だけでなく「みる・知る・支える」ことまで広がったことは，体育科の可能性を広げるためにも学習過程に反映させなくてはならない。その具体例は，少なくとも児童が情報過多に陥ったり，運動量が減ったりすることは本末転倒であり，指導者側が留意すべき点である。

一方，「見方・考え方」の拡充で現実的に着目すべきは，これまで以上にその推進が望まれる「ＩＣＴの活用」である。

総則には「各学校においては，児童の発達の段階を考慮し，言語能力，情報活用能力，問題発見・解決能力等の学習の基盤となる資質・能力を育成していくことができるよう，各教科等の特性を生かし，教科等横断的な視点から教育課程の編成を図るものとする」と示されている。体育科においてはこれまでもその活用がなされてきてはいるが，まだ一部の教員の活用が現状である。しかし，タブレット等のＩＣＴ活用は，運動そのものから離れることなく児童の体育の「見方・考え方」の世界を広げてくれるはずである。また，個々の運動能力にも左右されない。この分野（支える・知る等）で，個人やチームに貢献する力を発揮する子供も少なくないはずである。たとえば，タブレットで撮影した動画を自チームだけでなく，相手チームの分析にも活用する担当を決める。そういう「見方・考え方」は，今後のスポーツライフにも豊かな広がりをもたせるものと考える。

目的意識が薄い（運動量を減らすだけの）使い方には注意しつつ，ＩＣＴを有効に活用して「見方・考え方」を広げる学習は，「見方・考え方」を拡充する現実的な選択肢の一つである。

ポイント②ICT活用も含めた「見方・考え方」の拡充

(3) 「改善の方向性」に視点を置いた学習過程のポイント

「知識及び技能」「思考力，判断力，表現力等」「学びに向かう力，人間性等」の資質・能力の三つの柱に関係性を重視した学習過程には，資質・能力の三つの柱の接点を意識する必要がある。ポイントは課題解決のために生きて働く知識及び技能であろう。課題解決のために，児童の視点で「必要感のある知識」を「必要なタイミング」で提示し，その「知識が生きる実感」を児童に保証するのである。

教師は，各領域・各単元において，児童にとって必要な知識を整理した上で，生きて働く知識及び技能として＜いつ・どこで・どのように＞学習過程に組み込むと有効であるかを検証する必要がある。

ポイント③「生きて働く知識及び技能」の保証・検証

<新しい体育科の学習過程イメージ>

※平成28年12月中央教育審議会（答申）から想起した図

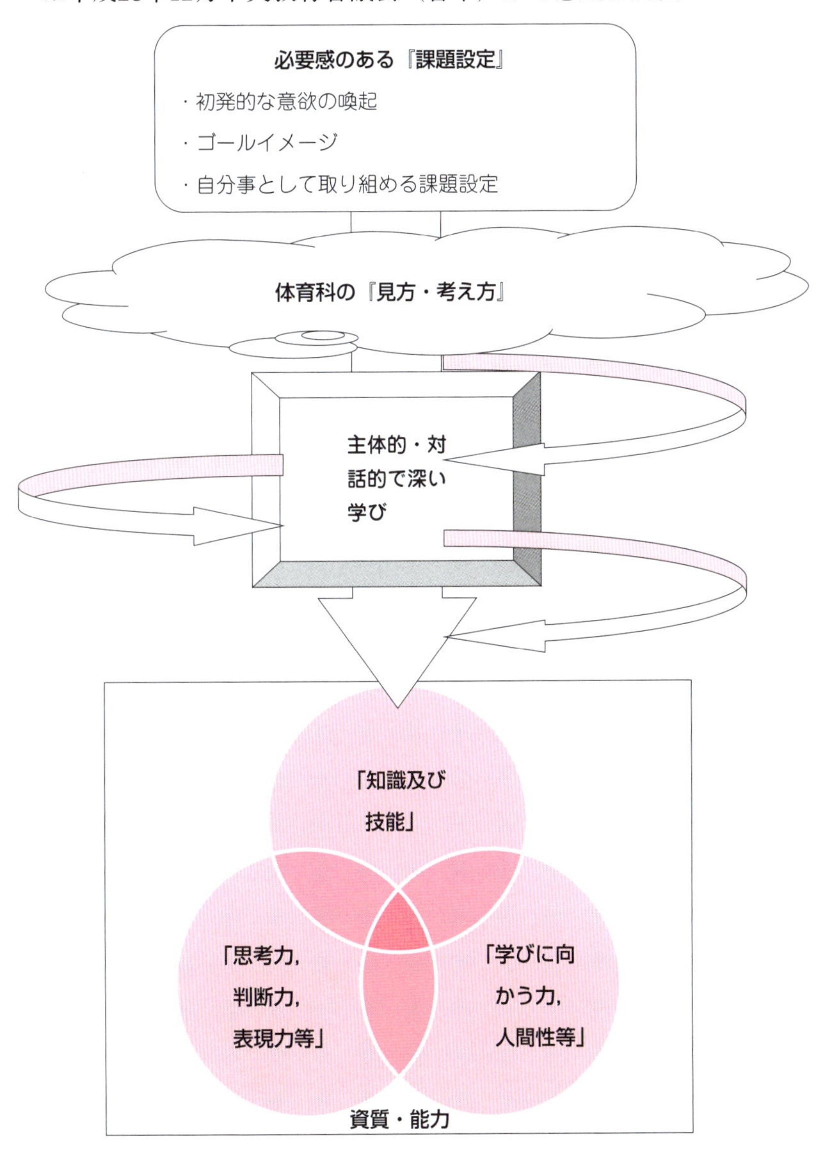

第６節
資質・能力ベースでの体育科の学習評価の在り方

Q　これからの体育科の学習評価はどのようになりますか。

1　学習評価の充実のために

資質・能力の三つの柱を基盤とした学びの中で学習評価をどのように充実させていくのか。中央教育審議会答申「第９章　何が身に付いたか－学習評価の充実－」[1]より一部引用し，大切となる事項を次に示す。

(1)　学習評価の意義等

①　児童自身が自らの学びを振り返って次の学びに向かうことができるようにするためには，学習評価の在り方を教育課程や学習・指導方法の改善と一貫性を持った形で改善を進めることが求められる。

②　児童の学びの評価にとどまらず，「カリキュラム・マネジメント」の中で，教育課程や学習・指導方法の評価と結び付け，児童の学びに関わる学習評価の改善を，更に教育課程や学習・指導の改善に発展・展開させ，授業改善及び組織運営の改善に向けた学校教育全体のサイクルに位置付けていくことが必要である。

(2)　評価の三つの観点

①　教育目標や内容の再整理を踏まえて，観点別評価については，「知識及び技能」「思考力，判断力，表現力等」「主体的に学習に取

り組む態度」の３観点に整理することとする。

② 「学びに向かう力，人間性等」に示された資質・能力には，感性や思いやりなど幅広いものが含まれるが，これらは観点別学習状況の評価になじむものではないことから，評価の観点としては学校教育法に示された「主体的に学習に取り組む態度」として設定し，感性や思いやり等については観点別学習状況の評価の対象外とする必要がある。

③ これらの観点については，毎回の授業で全てを見取るのではなく，単元や題材を通じたまとまりの中で，学習・指導内容と評価の場面を適切に組み立てていくことが重要である。

④ 観点別学習状況の評価には十分示しきれない，児童・生徒一人一人のよい点や可能性，進歩の状況等については，日々の教育活動や総合所見等を通じて積極的に子供に伝えることが重要である。

(3)　評価に当たっての留意点等

① 資質・能力を基に再整理された学習指導要領を手掛かりに，教員が評価規準を作成し見取っていくために必要な手順を示すものとなることが望ましい。こうした参考資料の中で，各教科等における学びの過程と評価の場面との関係性も明確にできるように工夫することや，複数の観点を一体的に見取る。

② 資質・能力の三つの柱のバランスのとれた学習評価を行っていくためには，指導と評価の一体化を図る中で，多様な活動に取り組ませるパフォーマンス評価などを取り入れ，ペーパーテストの結果にとどまらない多面的・多角的な評価を行っていくことが必要である。さらには，総括的な評価のみならず，子供たちの資質・能力がどのように伸びているかを，例えば，日々の記録やポートフォリオなどを通じて，子供たち自身が把握できるようにしていくことも考えられる（表１）。

表１「パフォーマンス評価」「ポートフォリオ評価」について[2)]

> 「パフォーマンス評価」
> 　知識やスキルを使いこなす（活用・応用・統合する）ことを求めるような評価方法。論説文やレポート，展示物といった完成作品（プロダクト）や，スピーチやプレゼンテーション，協同での問題解決，実験の実施といった実演（狭義のパフォーマンス）を評価する。
> 「ポートフォリオ評価」
> 　児童生徒の学習の過程や成果などの記録や作品を計画的にファイル等に集積。そのファイル等を活用して児童生徒の学習状況を把握するとともに，児童生徒や保護者等に対し，その成長の過程や到達点，今後の課題等を示す。

③　児童一人一人が，自らの学習状況やキャリア形成を見通したり，振り返ったりできるようにすることが重要である。そのため，児童たちが自己評価を行うことを，教科等の特質に応じて学習活動の一つとして位置付けることが大切である。

２　体育科における評価について

学習評価の充実を踏まえて，体育科では次のように評価を進めていきたい。

(1)　能力等の育成と主な評価の例

中央教育審議会答申，別添資料12－１に，評価の例が示されている。

○個別の知識や技能

(運動) 発達の段階に即して，運動の特性に応じた行い方や一般原則等の知識及びスポーツに関する科学的知識を理解し，各種の運動が有する特性や魅力に応じた動きや技能を身に付けている実現状況を評価する。

(保健) 健康の概念的な知識の習得や状況に応じて活用できる技能の獲得に向かうなどの学びの過程から，健康・安全について，課題解決に役立つ知識や技能を身に付けている実現状況を評価する。

○思考力，判断力，表現力等

（運動）自己の能力に応じて活動を選んだり工夫したり，課題に応じた運動の取り組み方を工夫したり，伝える相手や状況に応じてわかりやすく表現することなどの実現状況を評価する。

（保健）健康に関する課題発見・解決を念頭に置いた深い学びの過程から，健康課題を発見し，その解決を目指して考え，判断し，それらを表現している実現状況を評価する。

○学びに向かう力，人間性等

（運動）主体的に運動に取り組もうとするとともに，公正，協力，責任，参画，共生，健康・安全に関する態度の実現状況を評価する。

（保健）学びの見通しを持って粘り強く取り組み，自らの学習活動を振り返って次の課題に向けた取り組みにつなげるなどの主体的な学びの過程から，自他の健康の保持増進や回復及び健康な社会づくりに関する学習活動に主体的に取り組もうとしている実現状況を評価する。

(2)　体育科の評価の観点及びその趣旨のイメージ

以上を踏まえると，体育や保健の見方・考え方を働かせて資質・能力の三つの柱を育成する観点から，次の評価の観点及びその趣旨が考えられる。

観点	運動や健康・安全についての知識及び技能	運動や健康・安全についての思考力，判断力，表現力	運動や健康・安全に関する学習に主体的に取り組む態度
運動領域の趣旨	各種の運動の特性に応じた行い方について理解しているとともに，基本的な動きや技能を身に付けている。	自己の能力に適した課題の解決を目指して，運動の仕方を工夫しているとともに，それらを他者に伝えている。	公正，協力，責任，参画，共生，安全に気を配るなどの態度を身に付け，進んで運動に取り組もうとしている。
保健領域の趣旨	身近な生活における健康・安全について，課題の解決に役立つ基礎的な知識や技能を身に付けている。	身近な生活における健康・安全について課題の解決を目指して，考えたり判断したり表現したりしている。	身近な生活における健康・安全について関心をもち，意欲的に学習に取り組もうとしている。

(3)　配慮事項

これらの観点及びその趣旨に基づいて，各学年，内容のまとまりごとの評価規準を設定し，指導と評価の一体化を図るべく学習指導を進めていく。その際，以下の事項に配慮したい。

①　原則として，評価が実態把握，及び，学習に対する実現状況であることを踏まえ，指導の改善に生かす評価を心がけること。

②　単元の開始時には何を評価するか，その評価規準や評価方法を明示すること。

③　これまで以上に，単元を通した成長としての見取りを行い評価する。中でも，「思考力，判断力，表現力」「主体的に学習に取り組む態度」については，長期的な視点で評価し，児童の変容を促す適切な学習指導を重ねていくこと。

(4)　単元の評価規準の設定例

「単元の評価規準」，「学習活動に即した評価規準」，「児童の具体的な姿」の設定例を，国立教育政策研究所の評価資料[2)]を基に，第１学年のゲーム「シュートゲーム」で以下に示す。これらを指導と評価の一体化に活かす（表２）。

表２　第１学年「シュートゲーム」の評価規準の設定例

観点	単元の評価規準	学習活動に即した評価規準	児童の具体的な姿
運動の技能	○シュートゲームにおいて，簡単なボール操作や攻めや守りの動きによってゲームができる。	①ゴールに向かって，ねらってボールを投げることができる。	・上から振り下ろすようにボールを投げている。 ・一歩踏み込んでボールを投げている。 ・ねらったところにシュートしたり，バウンドさせて守備者が止めにくいように投げたりしている。
		②シュートされたボールを捕ったり，止めたりすることができる。	・両手を広げてかまえ，足など体全体を使って守備をしている。 ・ジャンプして攻撃者の投げた高いボールを止めている。
		③シュートできる位	・ゴールに体を向けてボールを投

		置に動くことができる。 ④ボールが飛んでくるコースに入ることができる。	げている。 ・守備者の位置によって，動いて投げる場所を変えている。 ・攻撃者に体を向けて，ボールを止めようとしている。 ・動いた攻撃者に合わせて，位置どりを変えて守っている。
	○シュートゲームの行い方を理解している。	⑤シュートゲームの行い方について学習した具体例をあげている。	・攻めや守りの役割に応じて，的確に動いている。 ・ゲームの行い方を友達に教えている。
運動についての思考・判断	○得点の方法などの規則を選んでいる。	①みんなが楽しめるように，得点の方法などの規則を選んでいる。	・提示された規則の中から自己に適した規則を選んでいる。
	○シュートゲームの攻め方を選んだり見付けたりしている。	②シュートゲームの攻め方を選んだり見付けたりしている。	・２人で同時に投げるなど，攻め方を見付けたり，工夫したりしている。 ・シュートをねらう場所や投げ方を工夫している。 ・２人で場所を決めて守っている。
	○規則の工夫や攻め方について考えたことを友達に伝えている。	③規則の工夫や攻め方と守り方について，考えたことを友達に伝えている。	・ゲームの行い方を友達に教えている。 ・ふり返りで，困ったことを発言している。 ・考えた攻め方について友達を誘って一緒に行っている。 ・ふり返りで，考えたことを発表したり，学習カードに記述したりしている。
運動への関心・意欲・態度	○シュートゲームに進んで取り組もうとしている。	①シュートゲームに進んで取り組もうとしている。	・汗をかいたり，顔がほてったりするほど，力いっぱい活動している。 ・にこやかな表情など，満足した様子で活動している。
	○運動の順番や規則を守って活動している。	②運動の順番や規則を守って活動している。	・ボールを相手チームに「はい」と言って，ボールを返している。
	○勝敗の結果を受け入れて，誰とでも仲よく運動しようとしている。	③勝敗の結果を受け入れたりして，誰とでも仲よく運動をしようとしている。	・勝ち負けを，文句を言わずに受け入れ，ゲームの終わりのあいさつを元気にしている。 ・ぶつかってしまった時に「ごめんね」と声をかけている。
	○友達と協力して，用具の準備や片付けなどをしようとしている。	④友達と協力して，用具の準備や片付けなどをしようとしている。	・友達と，用具を取りにいくときにはかけ足で，素早く準備，後片付けをしている。

	○シュートゲームを行う場や用具の使い方などの安全に気を付けている。	⑤シュートゲームを行う場や用具の使い方などの安全に気を付けている。	・転がっているボールを拾って，ボール置き場に戻している。

(5)　評価方法

設定した評価規準を次の表3のように，単元計画に重点化して位置付ける（表中，評価の欄の○数字は「学習活動に即した評価規準」）。また，その時間に重点的に評価する観点に対する指導・支援や，「児童の具体的な姿の例」に照らして「おおむね満足できる」状況ではない場合の具体的な指導・支援についても計画する。

表3　第1学年　ゲーム　「シュートゲーム」評価計画例

時間		1	2	3	4	5	6
学習活動		○学習課題，めあて，約束ごとの確認 ○ゲーム1 ○ふり返り（全体） ・ゲームの行い方・規則 ○ゲーム2 ○ふり返り（全体） ○ゲーム3 ○ふり返り（全体） ・規則の工夫，学習課題など			○学習課題，めあて，約束ごとの確認 ○ゲーム1 ○作戦タイム（チーム毎） ・役割分担などの話合い ○ゲーム2 ○作戦タイム（チーム毎） ○ゲーム3 ○ふり返り（全体） ・チームのめあて，学習課題など		
指導・支援		力いっぱいに取り組んだり，応援したりしている児童を称賛，紹介し，学級全体がゲームに進んで取り組もうとする雰囲気をつくる。	役割ごとに示範させ，攻め，守りの役割，ゲームの行い方の理解へとつなげていく。	すみをねらったり，バウンドさせたりしてシュートしている児童を称賛，紹介し，いろいろなシュートで得点することを促す。	本時までに現れたよい態度を紹介し，学級全体で行っていくことを助言する。	シュートの仕方だけでなく，一斉に投げる攻めや声をかけ合って守っていることを称賛し，全体に広げていく。	投げ方，体全体でボールを止めるなど，技能面のよさや態度面で現れているよさを称賛，紹介する。
評価	知		⑤	①③	②		①④
	思・判			①		②③	
	関・意・態	④⑤	①		②③		①

関心・意欲・態度　技能　思考・判断

評価の重点

評価方法としては，各時間の活動中に現れる子供のよさ（「児童の具体的な姿」の例）を「パフォーマンス評価」として教師が観察し，見取っていく。また，学習カードなどの記録や記述も「ポートフォリオ評価」として蓄積していき，毎時間の観察と併せて資質・能力の三つの柱が伸びているか評価していく。

(6)　学習指導改善のための評価

児童に豊かな学習成果を保障するために，授業改善のための教師の観察だけでなく，児童の自己評価や相互評価も用いる。そのための評価の例として「運動有能感調査」[3]を示す。

①運動有能感の構造（運動有能感測定尺度）

○身体的有能さの認知：運動が上手にできるという意識

○統制感：努力すればできるようになるという意識

○受容感：先生や仲間から受け入れられているという意識

②「体つくり運動」第３学年授業の運動有能感調査結果

対象：授業学級

方法：質問紙調査（５問法），単元前と単元後の変容を平均で比較（各項目５点満点）

項目	質問内容	学級平均		測定尺度	学級平均	
		単元前	単元後		単元前	単元後
1	運動能力がすぐれていると思います。	3.59	4.14	身体的有能さの認知：運動が上手にできるという意識	3.70	4.10
2	たいていの運動は上手にできます。	4.18	4.68			
8	運動の上手な見本として，よく選ばれます。	3.05	3.14			
10	運動について自信をもっているほうです。	4.00	4.45			
3	練習をすれば，必ず技術や記録は伸びると思います。	4.27	4.95	統制感：努力すればできるようになるという意識	4.40	4.97
4	努力さえすれば，たいていの運動は上手にできると思います。	4.23	4.95			

11	少しむずかしい運動でも，努力すればできると思います。	4.45	5.00			
12	できない運動でも，あきらめないで練習すればできるようになると思います。	4.64	4.95			
5	運動をしているとき，先生が励ましたり応援したりしてくれます。	4.18	4.55	受容感：先生や仲間から受け入れられているという意識	3.85	4.20
6	運動しているとき，友だちが励ましたり応援したりしてくれます。	4.05	4.09			
7	一緒に運動をしようと誘ってくれる友だちがいます。	3.55	3.95			
9	一緒に運動する友だちがいます。	3.64	4.23			

この調査から，学習が児童に運動に対する愛好感や意欲を高めることができたか評価することができる。また，その結果を踏まえ，対応策も検討できる。他方で数値の伸びだけに一喜一憂するのではなく，項目によって改善すべき指導事項を検討していくことが大切である。

他に，形成的授業評価も授業を評価する指標として有効である。

【参考文献】

1）中央教育審議会「幼稚園，小学校，中学校，高等学校及び特別支援学校の学習指導要領等の改善及び必要な方策等について（答申）」文部科学省，2016年12月21日

2）国立教育政策研究所教育課程センター「評価規準の作成，評価方法等の工夫改善のための参考資料（小学校 体育）」平成23年11月

3）高橋健夫編著『体育授業を観察評価する』明和出版，2003年

第3章

学習指導要領が目指す
新しい体育科の授業【事例】

1　体つくり運動系

(1)　第１学年「多様な動きをつくる運動遊び」単元計画

	第１時	第２時	第３時	第４時	第５時
段階	やってみる	動きを知る→広げる（主に姿勢を変えて，人数を変えて）			
学習活動	○あいさつ・準備運動 ・運動遊びの探検に出発！　音楽やリズム太鼓で楽しく！ ・円になったり，体育館を動いたりしながら行う（忍者になったり，恐竜になったり）。 ○力試しの運動遊び ・人を押す，引く，力比べ「おしずもう」「引っぱりっこ」「たわらがえし」 ・人を運ぶ，支える「おしくらまんじゅう」「わにじゃんけん」「だいこんぬき」 ※２人で，４人で ○用具を操作する運動遊び（輪） ・輪を回す　片手で，腰で，足首で，腕で，２人で，反対回し ※体の部位や姿勢を変えて　※友達と一緒に ・輪を倒れないように転がす　利き手，逆の手，両手でまっすぐ転がす「フラフープドッジ」「輪でボーリング」 ※用具（大小）を選んで				
知識及び運動	○運動遊びの行い方を知るととも体のバランスをとったり，移動したり，用具を操作したり，力試しをしたりすることができる。				
思考力，判断力，表現力等	○多様な動きをつくったりする遊び方を工夫するとともに，考えたことを友達に伝えている。				
学びに向かう力，人間性等	○運動遊びに進んで取り組み，きまりを守り誰とでも仲よく運動したり，場の安全に気を付けたりしている。				

(2)　単元計画の意図

○２年間を見通した単元計画

〈第１・２学年〉

○児童の運動欲求を十分充足させるために，５時間で一つの単元を構成する。さらに，用具操作は楽しさを味わい，用具に慣れるためにできるだけ時間を確保する。単元を進める中で，その用具を操作する上で欠かせない動きのポイントを押さえつつ，動きに変化（姿勢，人数，方向などを変える）をつけている児童を取り上げていく。第１学年では，主として動きを経験し，動きの種類を増やすことをねらい，第２学年では，経験した動きに変化をつけて広げていくことをねらって行う。動きの幅に視点をあてた指導が求められる。

〈第３・４学年〉

○基本的な動きを組み合わせることを主として行う。第３学年では，低学年で行った運動遊びをもう一度楽しみながらスタートし，動きに変化を付けていたり，主として移動の仕方が組み合わさったりしている動きを取り上げ，できる動きを増やしていく。第４学年では，できる動きがよりなめらかになるようにしていく。組み合わせの動きはあまり難しい動きを取り上げず，誰もができそうな動きから取り上げる。動きの質に視点をおいた指導が求められる。

（例：短なわで跳びながら，歩いたり走ったりする動きなど）

〈第５・６学年〉

○多様な動きをつくる運動（遊び）で経験してきたこと（多様な動きの工夫の視点）を生かして行う。第５学年では，運動を通して自己の心と体の状態や体力について知る。この運動がもつ効果や，取り組み方を考えて運動する。一つの運動群から一つの動きをグループで選び，体の動きを高める視点を理解する。第６学年では，自己の体力に応じて一つの運動から一つの動きを個人で選べるようにする。そして，体の動きを高める学習の学び方を理解して，中学校へとつなげられるようにする。

(3)　一単位時間の流れ
――第１学年「多様な動きをつくる運動遊び」

時間	学習活動	Point
２分	１　あいさつ・めあての確認	❶
	いろいろな動きをやってみよう！	
５分	２　準備運動「探検島へLet's　Go!」※音楽をかけて	❷
	３　体を移動する運動遊び	
３分	○ラインDEハイタッチ （体育館のライン上を移動<歩く，カニ歩きなど>をしながら友達○人とハイタッチ）	
５分	○陣取りじゃんけん （ペアを作り，体育館の両サイドに分かれて向き合う。体じゃんけんをして，グーで勝ったら１歩前へ進む。チョキは２歩，パーは３歩。先に相手のスタート位置に着いた方が勝ち。）	
	４　用具を操作する運動遊び（短なわ）	❸
５分	○やってみる「自由に跳んでごらん」 （いろいろな跳び方を引き出す。）	❺
３分	○よい動きを共有する「上手な友達を見付けたよ」 （つま先でリズムよく跳んでいるね。<質>） （かけ足で跳んでいるね。<量>）	❹
８分	○もう一度やってみる「友達の動きもまねてやってみよう」	❺
３分	（誰にでもできそうな動き，多様な動きを称賛する。）	❼
４分	○よい動きを共有する「上手な友達を見付けたよ」 ○最後にもう一度やってみる「音楽に乗せて楽しく跳ぼう」 （何回跳べるかな？　どんな跳び方ができるかな？　など。）	❻
２分	５　整理運動「心と体をクールダウン」	
５分	６　振り返る「めあてについて振り返ろう」 ○できたことを学習カードに書く（○をつける。）。発表する。	

学びに向かう力，人間性等

❶新しく出会う運動遊びに児童は「やってみたい」という運動欲求にあふれている。できる限り指示は短く，めあてを確認したらすぐに準備運動に入る。

❷準備運動は号令ではなく楽しく。探検島に冒険に行く設定等にして

ジャンプしたり，大股で歩いたり，跳んでくる忍者手裏剣をしゃがんで避けたり。音楽をかけて楽しく体を温めてほぐす。

❸「○○さん上手だね」「○○さんのまねをしてみたい」という児童の声を大切にする。児童同士で声を掛け合って運動している姿を称賛する。

思考力，判断力，表現力等

❹工夫したよい動きを紹介するときには，全体を集めて上手な児童に実際にやってもらう。その時に，「どうやったらできたの？」とインタビューをして，こつを言葉で表現させる。「なるほど。みんなもやってみよう」と投げ掛け，もう一度運動する時間を確保する。

知識及び運動

❺まずは「やってみる時間」が大切である。「先生，見て！」と思い思いに動く児童の姿を称賛する（すごい！じょうず！かっこいい！）。多様な動きをたくさん引き出していく。

❻児童の動きの中から全体に広めたい「よさ」を紹介する。取り上げる動きは，誰もができそうで，工夫の広がりがあるものである。短なわでは跳び方・リズム・人数・回し方などの視点で取り上げる。

合理的な配慮

❼易しい動き，できそうな動きから行う。先生や友達と一緒にやることで，できる実感を味わうこともできる。

(4)　一単位時間の流れ
――第３学年「多様な動きをつくる運動」

時間	学習活動	Point
2分 5分	1　あいさつ・めあての確認 **工夫して運動し，できる動きを増やそう！** 2　準備運動　「○小ランドへLet's　Go!」※音楽をかけて	❶ ❽
7分	3　体のバランスをとる運動・体を移動する運動 基本的な動きを組み合わせる運動（バランス＋移動）	⓫

	じゃんけんすごろく　※音楽をかけて 【ルール】各コーナーで体じゃんけん。勝ち：進む、あいこ：２人で進む、負け：違う友達と体じゃんけん。【動き】ケンケン、両足ジャンプ、平均台を渡る、助走ジャンプ、ラダーステップなど選択。 場の設定 ４か所でもよい	
	４　用具を操作する運動（短なわ） 基本的な動きを組み合わせる（短なわ＋移動）	❿
５分	○やってみる「自由に跳んでごらん」 （いろいろな跳び方，工夫した跳び方を引き出す。）	❻ ❼
３分	○よい動きを共有する「工夫して跳んでいる友達を見付けたよ」 （手首で回してつま先で軽やかに跳べているね。<質>） （移動しながら跳んでいるね。<量>）	⓬
９分	○もう一度やってみる「友達の動きにも挑戦してみよう」 （工夫して跳んでいたり，こつを友達と伝え合いながら運動したりしている子を称賛する。）	❾ ⓭
３分	○よい動きを共有する「工夫して跳んでいる友達を見付けたよ」	
４分	○最後にもう一度やってみる	
２分	５　整理運動「心と体をクールダウン」	
５分	６　振り返る「めあてについて振り返ろう」	
９分	○できたことを学習カードに書く。発表する。	

学びに向かう力，人間性等

❽準備運動は「～ランド」に冒険に行く設定等にして楽しく。音楽やリズム太鼓に乗せて，走ったり，スキップしたり，ジャンプしたりしながら楽しく体を温めてほぐす。円形になってやったり，手をつないでやったりすると友達との関わりも生まれる。

思考力，判断力，表現力等

❾「どうやったらできるのか」児童同士で言葉を交わして，伝え合うことの大切さを広げていく。友達と一緒にやることで，できる経験を味わったり，誰とでもできること目指すことで，動きの質を高め，運動感覚を豊かにしたりしていけるようにする。

知識及び運動

❿中学年から基本的な動きを組み合わせる運動も行う。組み合わせは主に移動である。バランスをとりながら移動したり，用具を操作しながら移動したりする動きである。

⓫学習指導要領解説に例示されている動きを楽しく引き出す。じゃんけんすごろくは短時間で多くの動きを引き出せるが，動きが雑にならないように，常によい動き（多様な動き，大きい動きなど）を称賛しながら児童を支援する。

⓬児童の動きの中から全体に広めたい「よさ」を紹介する。短なわでは，跳び方，リズム，人数，回し方，移動などの視点で工夫した動きを取り上げる。跳びながらケンケンしている，２人で並んでかけ足で移動しているなどの動きである。

合理的な配慮

⓭できてから次の動きではなく，様々な動きに取り組むことが大切である。いろいろ試しているうちにできるようになる体感を大切にする。

(5)　一単位時間の流れ
――第５学年　「体の動きを高める運動」

時間	学習活動	Point
２分	1　あいさつ・めあての確認 自分の体の力を知ろう！	
４分	2　準備運動　「〇〇リンピックへLet's　Go!」　※音楽をかけて	❽
	3　巧みな動きを高めるための運動（短なわ）（短なわ＋移動）	
４分	○やってみる「自由に跳んでごらん」 （いろいろな跳び方，友達と一緒に跳ぶ動きを引き出す。）	⓱
４分	○体の動きの高め方を知る「よい動きをたくさん見付けたよ」 （４年生までに経験してきた跳び方・移動・人数・回数などの工夫の視点は，体の動きを高める要素であることを知り，自己の課題に気付かせる。）	⓯
８分	○自己の体力に応じた運動を選んでやってみる （工夫して跳んでいたり，こつを伝え合ったりしながら自己の体力に応じた運動をしている児童を称賛する。）	⓲
３分	（課題に応じた動きを選択して運動することを押さえる。）	
４分	○最後にもう一度やってみる	⓰
	4　体の柔らかさを高めるための運動(単元を通して行う)	⓱
５分	○やってみる　魔法のストレッチなど	
２分	○体の動きの高め方を知る	⓯

	（自己の課題に気付かせ，単元を通して高めていく。）	⓳
２分 ４分 ５分	５　整理運動「心と体をクールダウン」 ６　振り返る「めあてについて振り返ろう」 ○できたことを学習カードに書く。発表する。	 ⓰ ⓮

学びに向かう力，人間性等

⓮45分の学習だけでなく，保健とも関連させて日常生活でも自己の体の状態や体力を意識して生活できるように言葉掛けする。

思考力，判断力，表現力等

⓯同じ課題をもつ友達と「どうやったらもっとできるようになるのか」言葉を交わし，考えを伝え合うことの大切さを広げていく。思いを伝え合いながら学習を進めていけるようにする。「こつを教えて」「もう一回跳んで見せて」「もっとこうするといいよ」など「よりできる」を目指していく。そのためにも，指導者が模範となって児童に助言し，学び合うことの大切さを毎時間広げていく。

⓰振り返りでは，「何ができたのか」「どうやったらできたのか」，できたことや自分が考えたことを記述できるように言葉掛けをする。また記録だけでなく，前よりもできるようになった気がするという体感も取り上げ，示範させたり，伝え合うなどして体の動きの高まりを実感できるようにする。

知識及び運動

⓱高学年は，体の柔らかさ及び巧みな動きを高めることに重点をおいて指導する。まず「やってみる時間」を設定し，運動を通して，自己の心と体の状態や体力に応じた運動の行い方を知る。

⓲児童の動きの中から，体の動きを高めるための要素を取り上げる。短なわでは，跳び方・リズム・人数・回し方・移動・回数・時間・

（用具）等の視点で工夫した動きを取り上げる。

合理的な配慮

⑲数値だけを体力の高まりと捉えたり，友達と比べたりせず，あくまでも自己の体の動きを高めることを大切にする。

2　器械運動系

(1)　器械・器具を使っての運動遊び，器械運動の単元計画

〈低学年〉　マットを使った運動遊び

<table>
<tr><th>第１時</th><th>第２時</th><th>第３時</th><th>第４時</th><th>第５時</th><th>第６時</th></tr>
<tr><td rowspan="2">オリエンテーション
・学習の進め方
・準備運動
・場の準備
知る時間

・整理運動
・振り返り
・片付け</td><td colspan="5">知る時間

○運動遊びの行い方や動き方を知り，いろいろな転がり方をしたり，逆立ちをしたりする。
・動物歩き　・ゆりかご　・背支持倒立　・かえるの足うち</td></tr>
<tr><td colspan="3">○設定された場でいろいろな方向に転がったり，手や背中で支持し逆さになったりする運動遊びを行う。
・ひろびろコース
・じぐざぐコース
・さかみちコース
・ほそみちコース
・ろくぼくコース
・とびばこコース</td><td colspan="2">取り組む時間

○場や動き方を選び，いろいろな方向に転がったり，手や背中で支持し逆さになったりする運動遊びを行う。</td></tr>
</table>

〈中学年〉　マット運動

<table>
<tr><th>第１時</th><th>第２時</th><th>第３時</th><th>第４時</th><th>第５時</th><th>第６時</th></tr>
<tr><td rowspan="2">オリエンテーション
・学習の進め方
・準備運動
・場の準備
・基礎となる感覚を身に付ける時間
・グループ学習の仕方
・整理運動</td><td colspan="5">基礎となる感覚を身に付ける時間
・馬歩き・ゆりかご・大きなゆりかご・前転がり・後ろ転がり
・背支持倒立・かえるの足打ち</td></tr>
<tr><td>知る時間
【接転技】
・前転
・場を使った開脚前転</td><td>取り組む時間
【接転技】
○前出の技から技を選び取り組む</td><td>知る時間
【接転技】
・後転
・開脚後転</td><td>取り組む時間
【接転技】
○前出の技から技を選び取り組む</td><td>取り組む時間
【接転技】
○前出の技から自分の力に応じた技を選び取り組む</td></tr>
</table>

・振り返り ・片付け	知る時間 【平均立ち技】 ・壁倒立 ・頭倒立	取り組む時間 【平均立ち技】 ○前出の技から技を選び取り組む	知る時間 【ほん転技】 ・補助倒立ブリッジ ・側方倒立回転	取り組む時間 【ほん転技】 ○前出の技から技を選び取り組む	取り組む時間 【ほん転技・平均立ち技】 ○前出の技から自分の力に応じた技を選び取り組む

〈高学年〉マット運動

<table>
<tr><th>第1時</th><th>第2時</th><th>第3時</th><th>第4時</th><th>第5時</th><th>第6時</th></tr>
<tr><td rowspan="3">オリエンテーション
・学習の進め方
・準備運動
・場の準備
・基礎となる感覚を身に付ける時間
・グループ学習の仕方
・技調べ
・整理運動
・振り返り
・片付け</td><td colspan="5">基礎となる感覚を身に付ける時間
・大きなゆりかご・前転・後転・ブリッジ・かえるの足打ち・腕立て横跳び越し</td></tr>
<tr><td colspan="3">知る・取り組む時間
【接転技】※実態に応じて技の提示
・開脚前転・場を使った伸膝前転
・補助倒立前転・跳び前転
・伸膝後転・後転倒立
※さらなる発展技の行い方を知る。
知る・取り組む時間
【ほん転技】※実態に応じて技を提示
・倒立ブリッジ・前方倒立回転
・前方倒立回転跳び
・ロンダート
【平均立ち技】※実態に応じて技を提示
・補助倒立・倒立
※さらなる発展技の行い方を知る。</td><td colspan="2">取り組む時間
【接転技】
○基本的な技及び前出の技から自分の力に応じた技を選び取り組む。
取り組む時間
【平均立ち技・ほん転技】
○基本的な技及び前出の技から自分の力に応じた技を選び取り組む。</td></tr>
<tr><td colspan="5">取り組む時間
○できるようになった技を繰り返したり，組み合わせたりする。</td></tr>
</table>

(2)　単元計画の意図

〈器械運動の学習活動について〉

基礎となる運動感覚を身に付ける時間

易しい運動遊びを取り入れ，技に結び付く基礎となる運動感覚を身に付けるための時間である。また，体を温めたり，器械・器具に慣れたりするための時間である。主運動で取り組む技を意識させ，その技につながる動きを重点的に行うなど取り組む内容を工夫する必要がある。

知る時間

教師が児童にしっかりと取り組む技の行い方（技のポイント，練習方法）を教えて取り組ませ，それぞれが自分の課題を知る時間である。また，友達同士での見合うポイントや簡単な補助の仕方も教え，対話的な学習の進め方も理解させる。

取り組む時間

主体的な学習になるよう，自分の力に応じためあて（技名＋ポイント＋練習の場）をもち，練習に取り組む時間である。練習の際は，対話的な学習になるよう，同じ場で練習する児童同士で見合い教え合いながら，めあての達成に取り組ませる。教師の助言や児童同士での見合い教え合いを通して，技の習得・習熟を図り，自分なりの技のこつをつかむ深い学びになるようにする。

(3)　一単位時間の流れ
――第２学年「マットを使った運動遊び」〈第５時〉

時間	学習活動	Point
3分	1　あいさつ，学習の流れ・めあてを知る **いろいろな場で転がり方を工夫して楽しもう**	
10分	2　準備運動 ・体の各部をほぐす運動をする。 3　場の準備をする 4　基本的な動き方を知り，楽しむ ・動物歩き・ゆりかご・かえるの足打ち・背支持倒立	❷ ❼
20分	5　場や遊び方を選び，動きを工夫して楽しむ 〇様々な方向へ転がったり，手や背中で支えたりして遊ぶ。	❶ ❸

	＜ひろびろコース＞　＜ジグザグコース＞	❹
	＜さかみちコース＞　＜肋木コース＞	❼ ❽ ❾
	○友達と調子を合わせるなど遊び方を工夫する。 ○友達のよい動きを見付け伝え合う。教えたりしたことをみんなに伝える。	❺
12分	6　整理運動 7　振り返り 　遊び方や動き方の工夫など考えたことを友達に伝える 8　場の片付け 9　あいさつ	 ❷ ❻

学びに向かう力，人間性等

❶児童の運動への意欲を喚起するために，繰り返し取り組んでいる児童を積極的に称賛する。

❷マットなど準備や片付けをする際には，進んで協力して取り組めるように，運ぶ分担や順番，運ぶ位置を予め決めておく。

❸順番や決まりを守って誰とでも楽しく遊べるように，学習のルールを単元の最初に示し理解させたり，グループづくりを配慮したりする。

❹場の安全を確かめる習慣を身に付けさせるために，運動が終わったら，マットのずれがないか確認させる。

思考力，判断力，表現力等

❺様々な方向の転がり方ができるように，複数のコースを用意し，場を選ばせる。また，運動遊びを選んだり，遊びを工夫できるように，図を掲示したり，集団で取り組める遊びを紹介したりする。

❻友達のよい動き見つけたり，考えたりできるように，動きを見合ったり，動きを紹介したりする時間を設ける。また，よい動きを擬態語，擬音語で表現させたり，学習カードに書かせたりする。

知識及び技能

❼運動遊びに取り組みながら器械運動の基礎となる体の動かし方や運動感覚（順次接触・回転・頭越し・腕支持・逆さま・バランス）が児童に身に付くように，教師が動きの系統を十分に理解し，よい動きを評価する。

合理的な配慮

❽自信が持てない児童にはできたことを称賛し，肯定的な働きかけをする。恥ずかしがる児童には，集団で転がるなど友達と一緒に運動する楽しさを味わえるように配慮する。

❾転がることが苦手な児童には，ゆりかごに取り組ませたり，傾斜のある場で転がらせたりして，遊びの場の設定を配慮する。

(4)　一単位時間の流れ――第４学年「マット運動」〈第２時〉

時間	学習活動	Point
２分	１　あいさつ・学習の流れ，めあてを確認する **前転・後転グループの技に取り組もう**	
10分	２　場の準備をする ３　準備運動をする ○体の各部をほぐす運動をする。 ○基礎となる感覚を身に付ける動きを行う。 ・動物歩き・ゆりかご・かえるの足打ち・背支持倒立	❷ ❼
25分	４　自分の力に合った課題をもち前転・後転グループの技に取り組む ○前転グループの技（大きな前転・開脚前転）倒立グループの技（補助倒立・頭倒立）の行い方を知り，自分に合っためあてを見付ける。 ○同じグループの友達と技のできばえを振り返りながら練習に取り組む。 ○できる技を繰り返して楽しむ。	❸ ❹ ❺ ❻ ❽
８分	５　整理運動	

	6　振り返り ○学習カードに今日のめあてについて振り返る。 ○技がうまくできたときの動き方や気付いたことについて伝え合う。 7　場の片付け 8　あいさつ	❶

学びに向かう力，人間性等

❶児童の学習への意欲を喚起するために，技のできばえだけでなく準備片付けやグループでの学習，学習カードへの振り返りの内容など様々な良さを取り上げ紹介し，称賛する。

❷グループ学習で積極的に関わり学習ができるように，マットなど準備や片付けをする際の分担や運動を試技する際の待ち方，見方をあらかじめ決めておく。

思考力，判断力，表現力等

❸自己の能力に適した課題を見付け，課題解決のための活動や場を選べるように，学習カードや資料に示したり，技のできばえを視覚的に確認できるようにする。

❹友達同士でお互いのできばえを評価できるように，グループ学習をする際に，技の見るポイントを明確にし，そのできばえを互いに見合って伝えたり，ICT機器を使ったりするなどして伝え合うようにする。

知識及び技能

❺中学年では，類似する技のグループに共通する技術課題をもつ「基本的な技」に十分に取り組ませ，発展技や高学年の例示技につなげるようにする。教師が技のポイントを十分に理解するとともに，学習資料や掲示物で示すようにする。特に接転技群では回転に勢いをつける体の使い方を十分に理解させ，できるようにする。

❻安全に無理なく技が習得できるように，教師は技の系統を十分理解し，児童の実態に応じた技や技の段階を提示し取り組ませる。

合理的な配慮

❼不安感を取り，進んで学習に取り組めるように，運動感覚が身に付くマットを使った運動遊びの動きも技の前段階として取り入れる。

❽友達とうまく関わって学習することができない児童には，グループ学習の際に手や足の位置に目印を置くなど役割を明確にする。

（5）　一単位時間の流れ――第６学年「マット運動」〈第４時〉

時間	学習活動	Point
２分	１　あいさつ・学習の流れ，めあてを確認する 回転系の技に取り組もう	
10分	２　場の準備をする ３　準備運動をする ○体の各部をほぐす運動をする。 ○基礎となる感覚を身に付ける動きを行う。 ・大きなゆりかご・前転・後転・かえるの足打ち・壁倒立	
25分	４　自分のめあてをもち，接転技・ほん転技・平均立ち技に取り組む ○自分の力に合った技や練習方法を選び，練習に取り組む。 ○同じグループの友達と技を見合い見つけたこつやわかったことを伝えながら練習に取り組む。 ○できる技の組み合わせ，繰り返しに取り組む。	❼ ❻ ❷ ❹ ❺
８分	５　整理運動 ６　振り返り ○学習カードに今日のめあてについて振り返る。 ○発見したコツや分かったことについて他者に伝える。 ７　場の片付け ８　あいさつ	❶ ❸

学びに向かう力，人間性等

❶児童の学習への意欲を喚起するために，児童のよさを具体的に伝えるようにする。その際，技のできばえだけでなく，友達と助け合ったり，認め合ったりするよさや場や器械・器具の安全に気を配るよさなど様々なよさを取り上げ紹介し，称賛する。

❷発展技に取り組ませる場合には，場の使い方，補助の仕方を十分に理解させ安全に取り組むことができるようにする。

思考力，判断力，表現力等

❸グループ学習で仲間の考えや取組を認め合うことができるように，お互いのよさを伝え合う場や時間を設定する。

❹自分に合った課題を見付けられるように，ICT機器などを活用して動きのポイントと自分や仲間の動きを照らし合わせ，技のできばえを視覚的に確認できるようにする。

❺友達同士で積極的に教え合いができるように，互いの役割を決めて観察したり，技を観察するポイントや位置を示したりする。また，分かったことやポイントを伝え合う時間や場を設定する。

❻教師が指導や支援を十分にできるように，その時間に取り組ませる技を同じ群やグループの中から選ばせるようにする。

知識及び技能

❼既に基本的な技が安定して行えるようになった児童には，発展技に挑戦したり，できる技を組み合わせたり，繰り返したりして，新たな課題に取り組む時間や場を設定する。

合理的な配慮

❽運動に意欲的に取り組めるように，場を工夫したり，補助者をつけたりして，痛みへの不安や技への恐怖心を減らすようにする。また，前段階の技に戻り，共通する動きや運動感覚を十分に経験させてから新しい技に取り組ませるようにする。

3　陸上運動系

(1)　第２学年「跳の運動遊び」単元計画

<table>
<tr><th></th><th>第１時</th><th>第２時</th><th>第３時</th><th>第４時</th><th>第５時</th></tr>
<tr><td>段階</td><td>行い方を知る</td><td colspan="2">場を工夫して楽しむ</td><td colspan="2">遊び方を工夫して楽しむ</td></tr>
<tr><td>学習活動</td><td>○跳ぶ感覚を作る運動の行い方を知る。
○場の使い方を知り，やってみる。
○学習を振り返る。</td><td colspan="2">○跳ぶ感覚を作る運動を行う。
○場を工夫して楽しむ。
「楽しくするために用具を工夫しながら作りましょう。」
○工夫した場を紹介し合う。
「どんな遊び方が楽しかったですか。」
○工夫した場を取り入れて楽しむ。
「紹介し合った遊びを取り入れてみましょう。」
○学習を振り返る。</td><td colspan="2">○跳ぶ感覚を作る運動を行う。
○場を工夫して楽しむ。
「グループで遊び方を決めてみんなで遊びましょう。」
○工夫した場を紹介し合う。
「やってみたい遊び方はありますか。」
○やってみたい場で遊ぶ。
「やってみたい運動遊びを選んで取り組みましょう。」
○学習を振り返る。</td></tr>
<tr><td>知識及び技能</td><td>○楽しく遊ぶことができる跳び遊びの仕方を知っている。</td><td colspan="4">○片足や両足で連続して前方や上方に跳ぶことができる。</td></tr>
<tr><td>思考力，判断力，表現力等</td><td>○場の工夫の仕方を考えている。</td><td colspan="4">○楽しく遊ぶことのできる自己に適した場を選んでいる。
○工夫した場を友達に紹介している。</td></tr>
<tr><td>学びに向かう力，人間性等</td><td>○進んで運動遊びに取り組んでいる。場の安全に気を付けている。</td><td colspan="2">○順番やきまりを守って誰とでも仲良く運動をしようとしている。</td><td colspan="2">○勝敗を受け入れて競争している。</td></tr>
</table>

(2)　単元計画の意図

○２年間を見通した単元計画

〈第１学年〉

時間	1	2～4
学習活動	行い方を知る	場を工夫して楽しむ
	場を工夫して楽しむ	工夫を取り入れて楽しむ

〈第２学年〉

時間	1	2～4	4～5
学習活動	行い方を知る	場を工夫して楽しむ	遊び方を工夫して楽しむ
	場を工夫して楽しむ	工夫を取り入れて楽しむ	やってみたい遊びを楽しむ

２学年を見通して，遊び方の質的な変容をねらう。

① 「行い方を知る段階」では，基になる遊びを知り，安全な場の準備や片付けの仕方を学習する。安全な着地について指導しておく必要がある。

② １単位時間の中で，場を紹介し合うことでまねをしたいものを取り入れることができるようにする。

③ 用具を工夫することで場の工夫を経験させ，慣れてきたら同じ場でも行い方やきまりを作る工夫をできるようにする。

④ 第２学年では，競争する遊び，挑戦する遊び，動きを合わせる遊び，動きをまねする遊びなど行い方の工夫にも焦点を当て，どの友達とも遊びを共有できるようにする。

(3)　一単位時間の流れ
――第１学年　走の運動遊び「折り返しリレー」

時間	学習活動	Point
３分	１　あいさつ・めあてを知る リレーあそびを楽しもう	
 ６分 ５分	２　準備運動 ○リングバトンパス （リングバトンを後ろの人から前の人へ渡す。前の人まで回ったら向きを変えて後ろの人まで渡す。） ○増やし鬼 （鬼になったら帽子の色を変える。）	 ❶
  ８分 ８分 ８分	３　運動の行い方を知る「折り返しリレー」 ４　リレー遊びをする ○折り返しリレー （まっすぐ走るコースや障害物をよけるコースで競走を楽しむ。どのチームにも勝つ可能性があるように障害物を増やしたり減らしたりして，もう一度行う。） （チームで障害物を置くところを話し合って決めたり，相手チームのコースで走ったりする。） ○くねくねリレー （地面に置いたフープやコーンをくねくね走る。）	 ❺ ❷ ❹
２分 ５分	５　整理運動 ６　振り返る 「楽しかったことを伝えよう」	 ❸ ❻

学びに向かう力，人間性等

❶手軽な遊びを準備運動で行う。

「増やし鬼」は誰もが手軽に楽しめる。タッチされたら帽子の色を変えることで，鬼が増えていく。きちんと帽子の色を変え，きまりを守っている児童を称賛する。

❷どのチームにも勝つ可能性を与える。

一度勝ったチームは，障害物を多く配置したり，行い方を工夫させる。負けたチームにハンデを与えどのチームにも勝つ可能性を与え，進んで運動しようとする態度を育てる。勝敗を認める態度についても競争をする前に指導することが大切になる。

思考力，判断力，表現力等

❸楽しくするための工夫についてチームで確認し，紹介する時間を設定する。

❹友達と協力して，コースに障害物を配置する場所を話し合って決める。決めたコースを他のチームに走ってもらったり，走ってみた感想を交流したりする時間や場を設定する。

知識及び技能

❺障害物の置き方や安全に走ったり跳んだりする方向があることを知ることができるようにする。

合理的な配慮

❻走力に差がある児童には，スタート位置を工夫することにより，接戦になるようにする。過度に勝敗にこだわる児童には，応援が立派だったチームには応援賞を与えることをリレーの前に話しておき多様な価値があることに気付かせる。

(4)　一単位時間の流れ――第３学年「幅跳び」〈第４時〉

時間	学習活動	Point
２分	1　あいさつ・めあてを選ぶ 短い助走から踏み切って遠くに跳ぼう	
 ６分 ６分	2　準備運動 ○ケンパ （ケンパを正確に素早く行うようにする。） ○ロイター板で踏み切る。 （片足で踏み切って両足で着地する。）	
12分	3　自己の課題に合った場を選んで運動する ・立ち幅跳びから着地 （両腕で反動を付けてジャンプし，両足で膝を曲げて着地する。両足着地を揃えるようにする。） ・３歩助走幅跳び （イチ，二，サーンの声をグループの友達にかけてもらう。）	❸

	・５歩助走幅跳び	
	（調子よく踏み切るために，イチ，ニ，イチ，ニ，サーンと声に出す。）	
	・ゴム跳び	❺
	（高く跳ぶことで遠くへ跳ぶ。）	
	・ポーズ跳び	❶
	（ロイター板からセーフティマットにフワッと着地）	❷
12分	４　グループ競争を楽しむ	❻
２分	５　整理運動	
５分	６　振り返る	❹
	「できるようになったこと・工夫したいことを話そう」	

学びに向かう力，人間性等

❶グループ競争では，友達を励ましたり，共に喜んだりすることができるよう，どのような行動がよいか児童の具体的な行動を取り上げて指導する。

❷グループ競争を楽しむ時間の設定をする。どちらが遠くに跳んだか１対１の団体戦を行ったり，着地地点に得点を表示し合計点で競ったりすることができる。

思考力，判断力，表現力等

❸自己の課題に合った場を選ぶことができるよう着地，助走，踏切，空中姿勢に視点を当てた課題に取り組める練習コースを設定する。

立ち幅跳びコース……着地を両足でそろえる

３歩助走コース……リズミカルに片足で踏み切れるようにする

５歩助走コース……調子よく踏み切って遠くへ跳ぶ

ゴム跳びコース……高く跳ぶことを意識することでより遠くへ跳ぶ

ポーズ跳び……空中姿勢と着地を意識できるようにする

❹記録への挑戦の仕方，競争の仕方を工夫する。工夫してみたいことを振り返りで伝えられるようにする。

知識及び技能

❺高く跳ぶことを意識するとより遠くに着地できることを指導する。

高く跳ぶために踏切地点にゴムひもを張ると意識しやすい。

合理的な配慮

❻技能差が高い集団では，遠くに跳べない児童が活躍できない。グループ競争では，相手との単純な比較ではなく，自分の最初の記録からどのくらい伸びたかで得点化するとどの子にも勝つ可能性が出てくる。

(5)　一単位時間の流れ――第5学年「ハードル走」〈第3時〉

時間	学習活動	Point
2分	1　あいさつ・めあてを立てる ハードルをリズムよく走り越えよう	
 6分 6分	2　準備運動 ○小型ハードル走 （小型ハードルをリズムよく走り越える。） ○ラダー走 （正確に素早く足をラダーのマスの中に入れて走る。）	❻
12分 12分	3　自己の課題に合った場を選んで運動する ・第1ハードルまで （何歩で走ってどちらの足から踏み切るかいつも同じになるようにする。第1ハードルまでは10～12m） ・インターバルを選んで（5.5m，6m，6.5m） （3～5歩で踏み切る。3歩の場合いつも同じ足で踏み切る。4歩の場合，左右交互に踏み切ることで一定のリズムになる。ハードルを4台程度設定する。） ・ハードル上で上体を前傾させる （頭の位置が上下していないか友達に見てもらう。動画などを活用してもよい。） 4　グループ競争を楽しむ （競走の仕方を工夫して，力の違った友達とも競争できるようにする。）	❷ ❺ ❼ ❶ ❸
2分 5分	5　整理運動 6　振り返る 「見つけたポイントを伝えよう」	 ❹

学びに向かう力，人間性等

❶グループ競争では，チームの友達と協力できるように口伴奏をさせ

たり，役割分担をしたりして楽しめるようにする。

思考力，判断力，表現力等

❷自己の課題に合った場を選ぶことができるよう練習コースを設定する。

第１ハードルまでの歩数……いつも同じ足で踏み切れるようにする。

インターバルコース……5.5m，６m，6.5mから選択させる。

ハードル上の上体……低く走り越えることで速くなることを理解させる。

❸グループ競争を楽しむ時間の設定をする。どちらが速かったか１対１の対戦を行ったり，50m走のタイムとの差で得点化し，競ったりすることができる。

❹記録への挑戦の仕方，競争の仕方を工夫する。工夫してみたいことを振り返りで伝えられるようにする。

❺学習資料から自己の課題に適した課題解決の方法を選ぶ。

知識及び技能

❻同じ足でリズムよく走り越えられていると，同じ足で踏み切って調子よく走ることができている。右足，左足，右足と交互になっている場合も調子よく走り越えていると捉えることを知らせる。

合理的な配慮

❼記録が遅い児童が活躍できるようルールを工夫する。グループ競争では，相手との単純な比較ではなく，自分の最初の記録からどのくらい伸びたかで得点化したり，50m走のタイムとの差で得点化したりするとどのチームにも勝つ可能性が出てくる。

❽見学の児童でも計測やＩＣＴを活用した動画撮影など役割を担い活動に参加できるようにする。

4　水泳運動系

(1)　第２学年「水遊び」単元計画

	第１時	第２時～第５時	第６時～第10時
段階	行い方を知る	楽しさを知る	楽しさを広げる
学習活動	○水遊びの約束やきまり，心得を知る。 ○遊びながら並び方や学習の仕方を知る。 ○学習を振り返る。	○音楽に合わせて，リズム水遊びを行う。 ○ペアで遊ぶ水遊びに取り組む。 ・ペアで水かけっこ ・鬼遊び ○遊びのルールを工夫して取り組む。 「どんなルールにしたらもっと楽しくなりますか。」 ○工夫したルールを紹介し合う。 「やってみたい遊び方はありますか。」 ○グループで遊ぶ水遊びに取り組む。 ・つかまって浮く遊び ・水中石ひろい ○学習を振り返る。	○音楽に合わせて，ペアやグループでリズム水遊びを行う。 ○ペアで遊ぶ水遊びに取り組む。 ○グループで遊ぶ水遊びに取り組む。 ○遊びのルールを工夫して取り組む。 「どんなルールにしたらもっと楽しくなりますか。」 ○工夫した場を紹介し合う。 「やってみたい遊び方はありますか。」 ○グループで遊びを選んで取り組む。 「グループで遊び方を決めてみんなで遊びましょう。」 ○学習を振り返る。
知識及び技能	○並び方や，バディによる人数確認の方法学習の仕方を知っている。	○ペアで遊ぶ水遊びの仕方を知っている。 ○息を止めたり，吐いたりしながら水にもぐったり，浮いたりしている。	○グループで遊ぶ水遊びの仕方を知っている。 ○水につかって，歩いたり走ったりしている。
思考力，判断力，表現力等		○ペアで遊ぶ水遊びがより楽しくなる場を選んでいる。 ○工夫した水遊びを友達に紹介している。	○グループで遊ぶ水遊びがより楽しくなる場を選んでいる。 ○工夫した水遊びを友達に紹介している。

学びに向かう力，人間性等	○進んで水遊びに取り組んでいる。水遊びの心得を守って安全に気を付けている。	○順番やきまりを守って誰とでも仲よく運動をしようとしている。	○進んで水遊びに取り組もうとしたり，誰とでも仲よく運動をしようとしたりしている。

(2)　単元計画の意図

○２年間を見通した単元計画

〈第１学年〉

時間	1	２～５	６～10
学習活動	行い方を知る	楽しさを知る	楽しさを広げる
		ペアで楽しむ	グループで楽しむ

〈第２学年〉

時間	1	２～５	６～10
学習活動	行い方を知る	楽しさを知る	楽しさを広げる
	場を工夫して楽しむ	ペアで工夫を取り入れて楽しむ	グループで工夫を取り入れて楽しむ

２学年を見通して，遊び方の質的な変容をねらう。

①「行い方を知る」段階では，バディによる人数確認にはじまり水遊びの遊び方を知り，水遊びの心得を守って安全に学習する。

②「楽しさを知る」段階では，主にペアで遊びを選んで，動きを工夫しながら学習する。

③「楽しさを広げる」段階では，主にグループで遊びを選び，動きを工夫したり，工夫を紹介したりして学習する。

④　１単位時間の中で，遊びのルールの工夫を紹介し合うことで，ま

ねしたいものを取り入れることができるようにする。

⑤　第1学年では，「水の中を移動する運動遊び」に多く取り組む。第2学年では，「もぐる・浮く運動遊び」に多く取り組む。

(3)　一単位時間の流れ
――第2学年「水遊び」〈第5時〉

時間	学習活動	Point
2分	1　あいさつ・めあてを知る **友達と協力して水遊びを楽しもう**	
5分	2　バディの確認・準備運動・シャワーをする ○2人1組のペアで，人数確認と安全確認をする。 ○準備運動では，水泳でよく使う体の部位を伸ばしたり，回したりしてよくほぐす。	
3分 4分	3　水慣れをする ○プール内のコースの線上に並び，中心指導者はプールの横から指示を出す。 4　リズム水遊びをする ○音楽に合わせて，水遊びにつながる動きに取り組む。	❶
3分 5分 5分 10分	5　ペアで「水中鬼遊び」をする ○じゃんけんをして，負けた人が勝った人を追いかける。 ○水中鬼遊びのルールを工夫してやってみる。 ○工夫したルールを紹介し合う。 ○友達の工夫したルールでやってみる。 6　グループで「水中石ひろい」をする ○ペアを三つ合わせて，6人で遊ぶ。1人が審判で，5人でもぐって石を拾う。	❷
2分 3分 3分	7　バディの確認・整理運動 8　振り返る 「楽しかったことを伝えよう」 9　シャワーを浴びる	❸

学びに向かう力，人間性等

❶意欲的に水遊びに取り組むための学習内容の工夫

水を強くかけられるのが苦手な児童もいるので，最初は水を直接かけない遊びを工夫し，楽しみながら，水が顔や体にかかることに慣れるようにする。

【具体的な例】

○リズム水遊び：単元の前半では音楽に合わせた動き方を知り，ペアやグループの友達と一緒に楽しみながら，水に慣れるようにする。後半は，覚えた動きで，ペアの友達とじゃんけんをしたり，グループで輪になったりして楽しめるようにする。

思考力，判断力，表現力等

❷友達とより楽しくなるルールを伝え合う。

【具体的な例】

○ペアの友達と，もっと水中鬼遊びが楽しくなるようなルールを話し合って決め，やってみる。

○自分たちが工夫してやってみたルールを近くのペアと紹介し合う。

知識及び技能

❸友達の水遊びの遊び方を知り，次の時間の遊びに生かす。

【具体的な例】

○振り返りの時間を活用して，より楽しくなりそうな友達の水遊びの遊び方を知り，次の時間の遊びに生かせるようにする。

(4)　一単位時間の流れ――第４学年「水泳運動」〈第９時〉

時間	学習活動	Point
２分	１　あいさつ・めあてを知る 自分の記録に挑戦しよう	
５分	２　バディの確認・準備運動・シャワーをする	❶
３分 ４分	３　水慣れをする ４　リズム水泳をする ○友達と楽しみながら，呼吸や泳ぎにつながる動きに慣れる。	❷
５分	５　エンジョイタイムに取り組む ○４～６人程度のグループをつくり，グループ内やグループ対抗で，友達と一緒に運動したりゲームをしたりする。 ○ビート板バタ足競争 ○ビート板でバタ足をして，ペットボトルを２本持っている審判のところまで行き，ペットボトルをとる。	
15分	６　チャレンジタイムに取り組む ○課題別または泳力別に二つから三つのコースを設定して，児童が自分	❸

3分	の力に応じた練習の場を選んで練習する。 7　確かめの泳ぎをする ○学習の成果を確かめるために，コース別練習の場所で泳ぐ。	
2分 3分 3分	8　バディの確認・整理運動をする 9　振り返る ○できるようになった泳ぎを振り返る。 10　シャワーを浴びる	❶ ❹

学びに向かう力，人間性等

❶バディでペアや全体の人数を確認する。

思考力，判断力，表現力等

❷楽しさを共有する場の設定

これまで楽しみながら取り組んできた水中ゲームを，グループに適した水中ゲームを選び，楽しむようにする。

❸友達や先生と意見を共有しながら学ぶ場の設定

【具体的な例】

○グループ競争を楽しむ時間の設定をする。話し合いながら，個人戦にしたり，グループ内でペア対抗戦にするなど，課題の解決のための活動を選ぶ。

○同じコースの先生や友達と，よりうまく泳げるようになったり，長く泳げるようになったりするためのポイントを話し合いながら練習する。

❹学んだことを確認し，振り返りに生かす場の設定

【具体的な例】

○チャレンジタイムで話し合いながら練習してきたポイントを意識し，確かめながら泳ぐ。その際も先生や友達と見合い，振り返りに生かせるようにする。

知識及び技能

合理的な配慮

それぞれの場に教師が1人ずつつく。課題の解決方法は，教師が提示するようにする。

水に対する抵抗がある児童には，教師が多く補助に入るなど，安心感をもたせるようにしていく。

(5)　一単位時間の流れ――第6学年「水泳運動」〈第4時〉

時間	学習活動	Point
2分	1　あいさつ・めあてを知る クロールで長く泳ごう	
5分	2　バディの確認・準備運動・シャワーをする	
3分 4分	3　水慣れをする 4　リズム水泳をする ○友達と楽しみながら，呼吸や泳ぎにつながる動きに慣れる。	
5分 5分	5　クロールの泳法のポイントを意識して練習する ○ペアでクロールのキック・プル・息継ぎの練習を，「泳ぐ→見合い・アドバイス→泳ぐ」のサイクルで取り組む。 6　シンクロクロールに取り組む ○友達と動きをそろえることで，動きを学び合い，泳力を高める。	 ❷ ❸
10分 3分	7　課題に合わせたコースを選んで練習する ○課題別にコースを設定して，子供が自分の課題に応じた練習の場を選び練習する。 8　確かめの泳ぎ ○学習の成果を確かめるために，コース別練習の場所で泳ぐ。	❶ ❹
2分 3分 3分	9　バディの確認・整理運動 10　振り返る ○自分の課題について振り返る。 11　シャワーを浴びる	

学びに向かう力，人間性等

❶練習場所やレーンの使い方などの約束を守る。

思考力，判断力，表現力等

❷自己の課題に合わせた練習の選択

自己の課題に合った場を選ぶことができるように，練習コースを設定する。

【具体的な例】

○クロールのキックを意識するコース
○クロールのプルを意識するコース
○クロールの息継ぎを意識するコース

❸ペア学習の工夫

【具体的な例】
○ペアで同じ泳法で泳ぎ，お互いの気付きを伝え合う。
○動きを合わせる方法を相談し，友達と動きをそろえることで，動きを学び合い，泳力を高めるようにする。

知識及び技能

❹ペア学習で確かめ泳ぎを行う。

【具体的な例】
○クロールのキック，プル，息継ぎの練習をペア学習で取り組み，互いの泳ぎを見合い，大事なポイントをアドバイスし合いながら泳力を高めるようにする。
○練習してきたポイントを，意識し，確かめながら泳ぐ。

5　ボール運動系

(1)　第４学年「ポートボールを基にした易しいゲーム」単元計画

<table>
<tr><th></th><th>第１時</th><th>第２時</th><th>第３時</th><th>第４時</th><th>第５時</th></tr>
<tr><td>段階</td><td colspan="3">ゲームの特徴を理解しながら今もっている力でゲームを楽しむ</td><td colspan="2">簡単な作戦を意識して，動きを工夫しながらゲームを楽しむ</td></tr>
<tr><td>学習活動</td><td>1　単元の見通しをもつ
2　規則の確認をする
3　準備運動をする
4　ゲーム①
5　振り返りをする①
6　ゲーム②
7　整理運動をする
8　振り返りをする②</td><td colspan="2">1　学習課題の提示
2　準備運動
3　ゲームにつながる運動
4　ゲーム①
5　振り返り①
「ボールを持ったとき，どのように動きましたか。」
「ボールを持たないときの動きを意識して動くことができましたか。」
6　ゲーム②
7　整理運動
8　振り返り②
「ボールを持ったときの動きは，どうしたらよくなりましたか。」
「ボールを持たないときの動きは，どうしたらよくなりましたか。」</td><td colspan="2">1　学習課題の提示
2　準備運動
3　ゲームにつながる運動
4　ゲーム①
5　振り返り①
「作戦は，うまくいきましたか。」
「次はどういう作戦にしたらいいですか。」
6　ゲーム②
7　整理運動
8　振り返り②
「作戦を意識しながらゲームをすることができましたか。」
「どうしたら，うまくいきましたか。次のゲームに生かすためにはどうしたらよいですか。」</td></tr>
<tr><td>知識及び技能</td><td colspan="3">○ゲームの行い方を知っている。
○ボールを持ったときに，ゴールに体を向けることができる。</td><td colspan="2">○味方にパスをしたり，シュートしたりすることができる。
○ボール保持者と自分の間に守る者がいないように移動することができる。</td></tr>
<tr><td>思考力，判断力，表現力等</td><td colspan="3">○仲間とゲームを楽しくすることができるように，規則を選んでいる。
○ゲームの特徴に合った簡単な作戦を選んでいる。</td><td colspan="2">○ゲームの特徴に合った簡単な作戦を選んでいる。
○簡単な作戦を実行するために考えたことを友達に伝えている。</td></tr>
</table>

学びに向かう力，人間性等	○ゲームに進んで取り組もうとしている。 ○友達と協力して，用具の準備や片付けをしようとしている。	○規則を守り，勝敗を受け入れ，誰とでも仲よくゲームに取り組んでいる。 ○友達の考えを認めている。

(2)　単元計画の意図

○２年間を見通した単元計画

中学年の児童は，集団対集団の競争に興味や関心が高まる時期である。また，他者との関わりが多くなり，具体から抽象へと思考が発達するため，簡単な作戦を必要とする易しいゲームが児童を夢中にさせる。そのため，児童がゲームにのめり込み，ゲーム自体を楽しみながら動き方を身に付け，規則を工夫したり，簡単な作戦を選んだりすることができるようにする。

〈第３学年〉　ゴール型ゲーム

1	2	3	4	5
今もっている力でゲームを楽しむ			**工夫してゲームを楽しむ**	
ゲームの特徴にあった攻め方を知り，ゲームに取り組む。			チームの特徴に応じた簡単な作戦を選び，ゲームに取り組む。	

〈第４学年〉　ゴール型ゲーム

1	2	3	4	5（・6）
今もっている力でゲームを楽しむ			**工夫してゲームを楽しむ**	
ゲームの特徴を理解しながら今もっている力でゲームに取り組む。			チームの課題を見付け，簡単な作戦を意識して，動きを工夫しながらゲームに取り組む。	

ゴール型ゲームでは，「ボールをゴールまで運び，得点を競う楽しさ」や「陣地を取り合って，得点を競い合う楽しさ」を味わわせる。そのため，プレイヤーの人数，コートの広さ，プレイ上の緩和や制限，得点の仕方を工夫した易しいゲームに取り組む。また，「ボールを持たないときの動き」を意識させ，それを生かした簡単な作戦を選び，ゲームに参加できるようにする。

ゴール型ゲームだけでなく，三つの型のゲームにバランスよく取り組み，様々な運動経験を積み重ねられるように配慮する。また，「チームで協力してゲームをすること」や「作戦を選び，課題を解決すること」を学習の重点にし，低学年で身に付けたことを基に，ゲームの型の特徴に合った作戦を考えられるようにする。

(3)　一単位時間の流れ
――第２学年　鬼遊び「宝運びゲーム」〈第４時〉

時間	学習活動	Point
2分 5分	1　学習内容を確かめる。 前時の振り返りをもとに，規則の工夫や攻め方の確認をする。 2　準備運動をする。	❶ ❹
7分 7分 7分 7分	3　ゲーム①をする。 ・１チーム：４ ～ ５人 ・１試合：２分×２　前後半 ・スタートではタグを２本つける。 ・タグを１本つけて突破すると１個，タグを２本つけて突破すると２個宝を獲得できる。（１個１点） ・コートから出たり，タグを２本取られたりしたら，スタートに戻る。 4　振り返り❶をする。 ゲーム①で出た課題や成果をすぐにゲーム②に生かすような話し合いを行う。 攻め方や簡単な作戦などを振り返り，友達と関わり合いながら学習を進められるようにする。 5　ゲーム②をする。 6　ゲーム③をする。	❸
2分 8分	7　整理運動をする。 8　振り返り❷をする。 振り返り❶で出た課題について，どのように改善できたのかについて話し合う。よりよい動きをした児童やチームを称賛し，学級全体に広める。	 ❷

学びに向かう力，人間性等

❶○○学級のゲーム（マイゲーム）にするための規則の工夫や動きの

よさを認める。

「ゲームをしたい」「○○のチームには勝ちたい」「もっとうまくなりたい」という児童の意欲を高め，進んで学習に取り組むことができるようにする。

【具体的な例】

○前時までの規則の工夫や児童のよさ（動きや言葉掛け）を共有する。「かがやき発見」のように，単元を通して友達のよいところを見付ける活動を行うことが効果的である。また，掲示物の工夫などを行い，視覚化することで児童の理解を促すことができる。

思考力，判断力，表現力等

❷友達のよさを伝え合う。

児童の動きの中からよい動きやチームで協力しているところを見付け紹介させ，学級全体に広げるとともに，友達に伝え合う機会を設定する。

【具体的な例】

○児童一人一人の動きだけでなく，チームで連携して，相手をかわす動きができるように助言する。

知識及び技能

❸攻め方を知る。

「振り返り」の時間を活用して，よい攻め方をしているチームを称賛し，学級全体に広げる。ここで試してみる時間をとることによって深い学びが生まれる。

【具体的な例】

○攻め方を意識した動きや言葉掛けをしている児童やチームを称賛する。

合理的な配慮

❹活動に見通しがもてない児童への対応

掲示物を活用し，「今何をしているのか」「次に何をするのか」を視覚化し，理解しやすくする。

(4)　一単位時間の流れ
――第３学年　ネット型ゲーム「フロアーボール」〈第４時〉

時間	学習活動	Point
２分 ５分	１　学習内容を確かめる。 ゲームの特徴に合った簡単な作戦を選び，ゲームをしよう。 ２　準備運動をする。	❶
７分 ７分 ７分 ７分	３　ゲーム①をする。 ・１チーム：３人 ・ネットの下を転がってくるボールを必ず３回の触球で返す。（同一プレイヤーは複数回触れない。） ・得点ラインを直接ボールが抜けたり，返球できなかったりした場合に得点。 ・得点が入るごとにローテーションする。 ４　振り返り❶をする。 「全体」→「チーム」の流れで振り返りを行う。 ・学級全体で簡単な作戦について共有し，自分のチームの話し合いや練習に生かすように言葉掛けをする。 ５　ゲーム②をする。 ６　ゲーム③をする。	❸ ❹
２分 ８分	７　整理運動をする。 ８　振り返り❷をする。 ゲームで出てきたよい動きや簡単な作戦を学級全体に広げられるように言葉掛けを行う。	❷

学びに向かう力，人間性等

❶楽しさの共有

　ネット型の魅力に触れ，「ゲームをしたい」「〇〇することが楽しい」「もっとうまくなりたい」という児童の意欲を高め，チームの友達と協力しながら，進んで学習に取り組むことができるようにする。

【具体的な例】

○協力しながら運動している児童やチームを積極的に称賛するようにする。

思考力，判断力，表現力等

❷簡単な作戦の共有

「振り返り」の時間では，はじめに，全体で「よい動き」や「簡単な作戦」を共有する。その後，一人一人の気付きを生かしながら，自分たちの簡単な作戦や攻め方を選択できるようにする。

【具体的な例】

○一人一人の児童の動きやチームから出てきた「よい動き」や「簡単な作戦」について，うまくいったこと，うまくいかなかったことを明らかにし，次の活動に生かせるような意図的な言葉掛けを行う。

知識及び技能

❸よい動きの共有

よい動きを取り上げ，学級全体で共有し，次のゲームに生かすことができるようにする。深い学びは，ここで「よい動き」を試してみることから生まれる。

【具体的な例】

○ゲームの型の特徴に合った動きを意識させるような発問を工夫する。

合理的な配慮

❹集団での活動が苦手な児童への対応

チーム編成に配慮し，集団で活動することに対して安心できる雰囲気をつくる。また，どのように活動するのかを事前に理解させ，誰と何をするのかなど見通しをもって取り組ませるようにする。

(5)　一単位時間の流れ――第６学年「サッカー」〈第４時〉

時間	学習活動	Point
２分	1　学習内容を確かめる。 チームの特徴（よさ）を認識させ，自分のチームに合った作戦を選べるようにする。	❶ ❹
５分	2　準備運動・ボール慣れをする。	
５分 ６分 ３分	3　練習をする。 4　ゲーム①をする。 5　チームでの振り返りをする。 ボールを持たないときの動きに注目して，振り返りをする。	 ❷ ❸
６分 ３分	6　ゲーム②をする。 7　チームでの振り返りをする。 作戦を意識した動きが見られる児童やチームを見付け，よいところを他者と伝え合えるようにする。	
６分	8　ゲーム③をする。	
２分 ７分	9　整理運動をする。 10　振り返りをする。 チームの作戦や友達の動きについて振り返り，次の時間に生かせるようにする。	

学びに向かう力，人間性等

❶チーム編成の工夫

勝敗を受け入れやすいように，どのチームにも勝つチャンスが生まれるようなチーム編成を行う。自分たちのチームにあった作戦を選べば楽しみながら勝てるなど意欲をもたせることで，積極的に学習に取り組むことができるようにする。

【具体的な例】

◯単元を通して同じチームで活動する。それにより，ゲームや練習の中で動きを見合ったり，話し合ったりする際に，仲間の考えや取組を認める機会を設定する。また，チームの特徴をつかむ機会ともなる。

思考力，判断力，表現力等

❷作戦の共有

チームの特徴に応じた作戦を選び，ゲームに生かしていくために「ゲーム前」「ゲーム中」「ゲーム後」のそれぞれの段階で，教師の意図的な助言を行っていく。

【具体的な例】

○チームで話し合う際の視点を明確にする。また，作戦が実行できるように，チームの中での役割やポジションを確認できるように助言をする。

知識及び技能

❸動きの共有

チームの特徴に合わせた効果的な「動き方」やチームの作戦を効果的に実行するために必要な「ボール操作」を身に付けるための時間を設定する。また，「ボールを持たないときの動き」を身に付けるために，簡易化されたゲームに取り組む。

【具体的な例】

○ボール操作を効果的に発揮できる簡易化されたゲームを提示する。

合理的な配慮

❹活動内容を理解するのが苦手な児童への対応

単元を通して，同じ流れで学習できるようにする。また，掲示物や学習カードを作成し，どのようなことを学習するのか，分かりやすくする。ICTを使いチーム全体の動きをみさせると課題や作戦に気付くことができる。

6　表現運動系

(1)　第２学年「表現リズム遊び」単元計画

	第１時	第２時	第３時	第４時	第５時
段階	行い方を知る	いろいろな表現遊びやリズム遊びを楽しむ		表現遊びやリズム遊びを広げる（工夫する・伝える）	
学習活動	○表現リズム遊びの行い方を知る。 ○心と体ほぐしをする。 ○身近な曲で体を動かしてみる。	○心と体ほぐしをする。 ○いろいろなリズム遊びをする。 「リズムに合わせておへそを動かしてみよう。」 ○いろいろなテーマで表現遊び「○○遊園地に行こう」をする。 「遊園地の乗り物になってみましょう。」 ○よい動きを紹介し合う。 「びゅーん！ってスピードが出ていて本物みたいだね。」 「つま先まで乗り物になりきっているね」 ○学習を振り返る。		○心と体ほぐしをする。 ○リズム遊びをする。 「友達と一緒に踊っても楽しいね。」 ○今までの遊園地を思い出す。 「今までの遊園地を思い出す動きはありますか。」 ○やってみたい動きで遊ぶ。 「やってみたい動きを選んで踊ってみよう。」 ○友達とよさを認め合う。（ダンスパーティー） 「友達の動きでいいところを見つけて真似してみよう。」 ○学習を振り返る。	
知識及び技能	○遊びの仕方を知っている。	○リズムに乗って踊っている。 ○題材になりきって踊っている。			
思考力，判断力，表現力等	○軽快なリズムの特徴を捉えた動きを選んでいる。	○題材の特徴的な様子を出し合い，その中から行いたい様子を選んでいる。 ○工夫した動きを友達に伝えている。		○簡単な踊り方を工夫している。 ○工夫した動きを友達に伝えている。	
学びに向かう力，人間性等	○進んで運動遊びに取り組んでいる。場の安全に気を付けている。	○順番やきまりを守って友達と仲良く運動をしようとしている。			

(2)　単元計画の意図

○２年間を見通した単元計画

〈第１学年〉

時間	1	2・3	4・5
学習活動	行い方を知る	いろいろな表現遊びやリズム遊びを楽しむ	表現遊びやリズム遊びを広げる（選ぶ・見つける）
	リズム遊びをしてみる		

〈第２学年〉

時間	1	2・3	4・5
学習活動	行い方を知る	いろいろな表現遊びやリズム遊びを楽しむ	表現遊びやリズム遊びを広げる（工夫する・伝える）
	リズム遊びをしてみる		

２学年を見通して，遊び方の質的な変容をねらう。

①　行い方を知る段階では，心と体をほぐしてからリズム遊びをしながらおへそをリズムに合わせて動かすことを押さえ，安全な場の意識付けをする。

②　１単位時間の中で，よい動きを称賛したり紹介したりすることで，真似したいものを取り入れやすくする。

③　いろいろなリズム遊びを体験させたら，自分の好きな動きを選ばせたりさらに工夫したりさせるようにする。

④　第２学年では，「動きを合わせる」「動きをまねする」「逆に動く」など行い方の工夫にも焦点を当て，どの友達とも遊びを共有できるようにする。

(3)　一単位時間の流れ
——第２学年　表現リズム遊び「○○ゆうえんちに行こう！」

時間	学習活動	Point
１分 ４分	１　あいさつ ２　心と体ほぐし ○猛獣狩り ○ピヨピヨちゃん	❶
 10分 ２分 ８分 ７分 ５分 ３分	３　リズム遊び ・ロックのリズム・サンバのリズム ４　表現遊び　**パレードの動きで遊ぼう** ○めあての確認 ○テーマの動きをやってみる「パレードの始まり～」 ・おもちゃの鼓笛隊・ぬいぐるみのダンス ・ワルツに乗って・ライトがキラキラ光った ・妖精のダンス・怪獣のダンス ○パレードをクラス半分ずつ見せ合う 「楽しそうな動きの人を見つけよう」 ○よさを伝え合う 「誰の動きがよかった？」「なんでこの動きをしたの？」 ○簡単なお話で続けて踊る 「好きなパレードを考えて踊ってみよう」 ○クーリングダウン	❷ ❹ ❺ ❸
 ５分	５　学習のまとめをする ・振り返り　個人→全体	

学びに向かう力，人間性等

❶心と体ほぐしを行う。

心と体の準備のためにだれでもできる運動を取り入れる。抵抗が少ないものから徐々に大きく動く運動へと段階を追うことで恥ずかしさをもつことなく運動に入れるようになる。

❷安全に気を付けさせる。

ダンスをしたり表現をしたりする際に，周りの友達とぶつからないように感覚を開けるなど，運動中の安全についても意識させ，自分たちで考えて動けるようにする。

思考力，判断力，表現力等

❸クラスを二つに分け動きを見せ合い，互いのよさを伝え合う。

友達の動きを見る時間を設定することでよさを見つける機会をつくる。自分の考えを伝え，様々な考えに触れることができる。

知識及び技能

❹リズムの特徴を捉えたり，全身で表現したりしている児童を称賛し，全体に広める。

合理的な配慮

❺動き方が分からなかったり，恥ずかしさがある児童には，教師が一緒に踊ったり，友達の動きを見せて真似させるなどの声を掛ける。

(4)　一単位時間の流れ――第３学年「リズムダンス」〈第３時〉

時間	学習活動	Point
１分 ４分	１　あいさつ ２　心と体ほぐし ○円形コミュニケーション ○ハイタッチ	❶
 １分 ６分 ３分 ８分 10分 ５分	３　リズムダンス ○めあての確認　**ダンスパーティーをしよう** ○今までに行ったリズムダンスを踊ってみる 「思い出して踊ってみよう」 ・ロック・サンバ ○グループで気に入ったリズムダンスを踊る 「はじめとおわりを決めて，グループで一緒に踊ろう」 ○ペアグループでリズムダンスを見せ合う 「面白い動きを見つけたらどんどん伝えよう」 ○ダンスパーティー　「ダンスパーティーのスタート！！」 全員で踊る→２グループずつ円の中で踊る→全員で踊る ○クーリングダウン	 ❸ ❻ ❹ ❷ ❺
７分	４　学習のまとめをする ・振り返り　「誰のどんな動きがよかった？」 ○個人→全体へ伝える	

学びに向かう力，人間性等

❶心と体ほぐしを行う。

心と体の準備のために誰でもできる運動を取り入れる。抵抗が少ないものから徐々に大きく動く運動へと段階を追うことで恥ずかしさをもつことなく運動に入れるようになる。

思考力，判断力，表現力等

❷ペアグループでの活動

グループを偶数にし，２ペアごとにペアグループとする。リズムダンスを見せて，アドバイスし合うことで小集団での伝え合いの場を設定し，発言の機会を増やす。

❸ダンスパーティー

ペアグループで踊ることによって，他のグループに見てもらう機会を設定する。

知識及び技能

❹「はじめ―おわり」の一流れの動きでダンスができるように指導をする。具体的にどんなものか動きを見せるとイメージしやすい。

❺ダンスパーティーでははじめと終わりに全員で思い切り踊る時間を確保する。

合理的な配慮

❻展開の前半で今まで踊ってきたダンスを復習し，動きの引き出しを増やしておく。（掲示しておくとよい）

(5)　一単位時間の流れ――第６学年「表現」〈第６時〉

時間	学習活動	Point
１分 ４分	１　あいさつ ２　心と体ほぐし ・リズムダンス ・新聞紙	❶
 ２分	３　表現 ○めあての確認　**大変だ！○○！！発表会**	
	○今までの「大変だ！」からグループで選んだ題材に「はじめ－なか－おわり」をつけて踊る	❹
10分	○ペアグループで踊りを見せ合う	❷

6分 15分	「よい踊りや動きを見つけたらどんどん伝えよう」 ○大変だ！○○！！発表会をする ・ペアグループごとに発表をする ・発表の前にタイトルと見どころを紹介する ○クーリングダウン	❺ ❻ ❸
5分	4 学習のまとめをする ・振り返り「誰のどんな動きがよかった？」 個人→全体	

学びに向かう力，人間性等

❶心と体ほぐし

単元の前半のリズムダンスや簡単な表現などを行うことで心と体の準備をする。

思考力，判断力，表現力等

❷ペアグループでの活動

グループを偶数にし，２ペアごとにペアグループとする。踊りを見せ合い，アドバイスし合う小集団での伝え合いの場を設定し，発言の機会を増やす。

❸発表会

発表の前にタイトルと見どころを伝えることで，発表者の思いが一つになり，観客の視点も定まる。

知識及び技能

❹「大変＝急変」になるので，変化のある激しい動きができるように声を掛け，できているグループを紹介し，称賛する。

合理的な配慮

❺なかなかイメージがわかないグループには，今までの学習をふりかえらせたり，イメージカードを見せたりする。

❻体を大きく動かせていない児童には，鏡を見せたり，自分の映像を見せたりして，客観的に見られるようにする。気持ちの面で動かせない場合は，心と体ほぐしを入念に行う。

7　保健領域

(1)　各学年の単元計画と単元計画の意図

〈第３学年〉　健康な生活

時	授業内容	指導内容	児童に理解させる内容
1	健康な生活	心や体の調子のよいなどの健康の状態は，主体の要因や周囲の環境の要因が関わっていること。	・健康の状態には，気持ちが意欲的であること，元気なこと，具合の悪いところがないことなどの心や体の調子がよい状態がある。 ・健康の状態には，１日の生活の仕方などの主体の要因や身の回りの環境の要因が関わっている。
2	１日の生活の仕方	毎日を健康に過ごすには，運動，食事，休養および睡眠の調和のとれた生活を続けることなどが必要であること。	・健康の保持増進には，１日の生活の仕方が深く関わっており，１日の生活リズムに合わせて，運動，食事，休養および睡眠をとることが必要である。
3	体の清潔	毎日を健康に過ごすには，体の清潔を保つことが必要であること。	・健康の保持増進には，手や足の清潔，ハンカチや衣服などの清潔を保つことが必要である。
4	身の回りの環境	毎日を健康に過ごすには，明るさの調節，換気などの生活環境を整えることなどが必要であること。	・健康の保持増進には，生活環境が関わっており，部屋の明るさの調節や換気などの生活環境を整えることが必要である。

思考力，判断力，表現力等の指導内容
健康な生活に関わる事象から課題を見付け，健康な生活を目指す観点から，解決の方法を考え，それを伝えることができるようにする。 【例示】 ・１日の生活の仕方などの主体の要因や身の回りの環境の要因から健康に関わる課題を見付けること。 ・運動，食事，休養及び睡眠，体の清潔，明るさの調節や換気などの学習したこと，自分の生活とを比べたり関連付けたりして，１日の生活の仕方や生活環境を整えるための方法を考えること。 ・健康な生活について，健康に過ごすために考えた方法を学習カードなどに書いたり，発表したりして伝え合うこと。

〈第４学年〉体の発育・発達

時	授業内容	指導内容	児童に理解させる内容
1	体の発育・発達	体は，年齢に伴って変化すること。また，体の発育・発達には，個人差があること。	・身長，体重などを適宜取り上げ，これらは年齢に伴って変化する。 ・体の発育・発達には個人差がある。
2	思春期の体の変化①	体は，思春期になると次第に大人の体に近づき，体つきが変わったり，初経，精通などが起こったりすること。	・思春期には，体つきに変化が起こる。 ・男子はがっしりした体つきに，女子は丸みのある体つきになるなど，男女の特徴が現れる。 ・思春期には，初経，精通，変声，発毛が起こる。
3	思春期の体の変化②	思春期になると異性への関心が芽生えること。	・思春期には異性への関心も芽生える。 ・これらは個人差はあるものの，誰にでも起こる大人の体に近づく現象である。
4	体をよりよく発育・発達させるための生活	体をよりよく発育・発達させるためには，適切な運動，食事，休養及び睡眠が必要であること。	・体をよりよく発育・発達させるための生活の仕方には，体の発育・発達によい運動，多くの種類の食品をとることができるようなバランスのとれた食事，適切な休養及び睡眠などが必要である。

思考力，判断力，表現力等の指導内容
身体の発育・発達に関わる事象から課題を見付け，体のよりよい発育・発達を目指す視点から，適切な方法を考え，それを伝えることができるようにする。 【例示】 ・身長や体重などの年齢に伴う体の変化や体の発育・発達に関わる生活の仕方から課題を見付けること。 ・思春期の体の変化について，学習したことを，自己の成長と結び付けて考えること。 ・体をよりよく発育・発達させるための生活について，学習したことを自己の生活と比べたり，関連付けたりするなどして適切な解決方法を考えること。 ・体の発育・発達について，自己の成長や体をよりよく発育・発達させるために考えたことを学習カードなどに書いたり，発表したりして伝え合うこと。

〈第５学年〉心の健康

時	授業内容	指導内容	児童に理解させる内容
1	心の発達	心は，いろいろな生活経験を通して，年齢に伴って発達すること。	・心は人との関わり，あるいは自然とのふれあいなど様々な生活経験や学習を通して，年齢に伴って発達する。 ・心が発達することによって自己の感情をコントロールしたり，相手の気持ちを理解したりすることができるようになる。 ・よりよいコミュニケーションが大切である。
2	心と体との密接な関係	心と体には，密接な関係があること。	・不安や緊張時には動悸が激しくなったり，腹痛を起こしたりすること，体調が悪いときには，集中できなかったり，落ち込んだ気持ちになる。 ・体調がよいときは，気持ちが明るくなったり，集中できるようになったりする。 ・心と体は深く影響し合っている。
3 4	不安や悩みへの対処	不安や悩みへの対処には，大人や友達に相談する，仲間と遊ぶ，運動をするなどいろいろな方法があること。	・不安や悩みなどがあるということは誰もが経験する。 ・家族や先生，友達などと話すこと，身近な人に相談したりすること，仲間と遊ぶこと，運動をしたり音楽を聴いたりすること，呼吸法を行うなどによって気持ちを楽にしたり，気分を変えたりするなど様々な方法があり，適切な方法で対処できる。 ・自己の心に不安や悩みがあるという状態に気付くことや不安や悩みなどに対処するために様々な経験をすることは，心の発達のために大切である。 ・体ほぐしの運動や深呼吸を取り入れた呼吸法などを行うことができるようにする。
思考力，判断力，表現力等の指導内容			
心の健康に関わる事象から課題を見付け，心をよりよく発達させたり不安や悩みなどに対処したりする視点から，解決の方法を考え，適切なものを選び，それらを説明することができるようにする。			

【例示】
- 心の発達に関する事柄や，不安や悩みなどの経験から，心の健康に関わる課題を見付けること。
- 心の発達や心と体の関わりについて，自己の経験と学習したことを関連付けて，よりよく心を発達させる適切な方法や心と体の関わりについて考えること。
- 不安や悩みなどに対処する様々な方法を考え，学習したことを活用して，適切な方法を選ぶこと。
- 心の健康について，考えたり選んだりした方法がなぜ適切なのか，理由をあげて学習カードなどに書いたり，友達に説明したりすること。

〈第５学年〉けがの防止

時	授業内容	指導内容	児童に理解させる内容
5	けがや事故の発生	交通事故や身の回りの生活の危険が原因となって起こるけがの防止には，周囲の危険に気付くこと，的確な判断の下に安全に行動すること，環境を安全に整えることが必要である。	・毎年多くの交通事故や水の事故が発生し，けがをする人や死亡する人が少なくないこと。 ・学校生活での事故や犯罪被害が発生していること。 ・どんな事故や犯罪，それらが原因となるけがも人の行動や環境が関わって発生していること。
6	交通事故の防止		・交通事故や身の回りの生活の危険が原因となって起こるけがを防止するためには，周囲の状況をよく見極め，危険に早く気付いて，的確な判断の下に安全に行動すること。
7	犯罪被害の防止		・犯罪被害が発生していること。 ・犯罪被害を防止するためには，犯罪が起こりやすい場所を避けること，犯罪に巻き込まれそうになったらすぐに助けを求めること。
8	けがの手当	けがなどの簡単な手当は，速やかに行う必要がある。	・けがの悪化を防ぐ対処として，けがの種類や程度などの状況をできるだけ速やかに把握して処置をすること，近くの大人に知らせることが大切であること。 ・すり傷，鼻出血，やけどや打撲などを適宜取り上げ，実習を通して，傷口を清潔にする，圧迫して出血

			を止める，患部を冷やすなどの自らできる簡単な手当てができるようにする。

思考力，判断力，表現力等の指導内容
けがの防止に関わる事象から課題を見付け，危険の予測や回避をしたりするなどの力を育み，けがを手当てしたりする方法を考え，それらを伝えることができるようにする。 【例示】 ・人の行動や環境，手当の仕方などから，けがの防止や症状の悪化の防止に関わる課題を見付けること。 ・自分のけがに関わる経験を振り返ったり，学習したことを活用したりして，危険の予測や回避の方法，けがなどの適切な手当の方法を考えたり，選んだりすること。 ・けがの防止について，けがや症状の悪化の防止のために考えたり，選んだりした方法がなぜ適切であるか，理由をあげて学習カードなどに書いたり，仲間に説明したりすること。

〈第６学年〉病気の予防

時	単元内容	指導内容	児童に身に付けさせたい内容
1	病気の起こり方	病気は病原体，体の抵抗力，生活行動，環境が関わり合って起こること。	・「かぜ」などを取り上げ，病気は，病原体，体の抵抗力，生活行動，環境などが関わり合って起こること。
2 3	病原体が主な要因となって起こる病気の予防①②	病原体が主な要因となって起こる病気の予防には，病原体が体に入るのを防ぐことや病原体に対する体の抵抗力を高めることが必要であること。	・病原体が主な要因となって起こる病気として，インフルエンザ，麻疹，風疹，結核などを適宜取り上げ，その予防には，病原体の発生源をなくしたり，移る道筋を断ち切ったりして病原体が体に入るのを防ぐこと，また，予防接種や適切な運動，食事，休養及び睡眠をとることなどによって，体の抵抗力を高めておくこと。
4 5	生活行動が主な要因となって起こる病気の予防①②	生活習慣病など生活行動が主な要因となって起こる病気の予防には，適切な運動，栄養の偏りのない食事をとること，口腔の衛生を保つことなど，望ましい生活習慣を身に付ける必要があること。	・生活行動が主な要因となって起こる病気として，心臓や脳の血管が硬くなったりつまったりする病気，むし歯や歯ぐきの病気などを適宜取り上げ，その予防には，全身を使った運動を日常的に行うこと，糖分，脂肪分，塩分などを摂りすぎる偏った食事や間食を避けたり，口腔の衛生を保ったりするなど，

			健康によい生活習慣を身に付ける必要があること。
6	喫煙，飲酒と健康	喫煙，飲酒などの行為は，健康を損なう原因となること。	・喫煙はせきが出たり心拍数が増えたりするなどして呼吸や心臓のはたらきに対する負担などの影響がすぐに現れること。 ・受動喫煙により，周囲の人々の健康にも影響を及ぼすこと。 ・喫煙を長い間続けるとがんや心臓病などの病気にかかりやすくなるなどの影響があること。 ・飲酒は判断力が鈍る，呼吸や心臓が苦しくなるなどの影響がすぐに現れること。 ・飲酒を長い間続けると肝臓などの病気の原因になるなどの影響があること。 ・低年齢からの喫煙，飲酒は特に害が大きいこと。 ・未成年の喫煙や飲酒は法律で禁止されていること。 ・好奇心や周りの人からの誘いなどがきっかけで喫煙や飲酒を開始する場合があること。
7	薬物乱用と健康	薬物乱用などの行為は，健康を損なう原因となること。	・シンナーなどの有機溶剤を取り上げ，１回の乱用でも死に至ることがあり，乱用を続けると止められなくなり，心身の健康に深刻な影響を及ぼすこと。 ・覚醒剤を含む薬物乱用は法律で厳しく規制されていること。
8	地域の様々な保健活動の取組	地域では，保健に関わる様々な活動が行われていること。	・人々の病気を予防するために，保健所や保健センターなどでは，健康な生活習慣に関わる情報提供や予防接種などの活動が行われていること。

思考力，判断力，表現力等の指導内容
病気の予防に関わる事象から課題を見付け，病気を予防する視点から解決の方法を考え，適切な方法を選び，それらを説明することができるようにする。
【例示】 ・病気の予防について，病原体，体の抵抗力，生活行動，環境などの要因から課題を

見付けること。
・病気の予防や回復に関する課題について，学習したことを活用して解決の方法を考えたり，選んだりすること。
・いくつかの病気の要因や起こり方を比べて，それぞれの病気に応じた予防の方法を選ぶこと。
・喫煙，飲酒，薬物乱用と健康について，それらの害や体への影響を考えたり，地域の様々な保健活動の取組の中から人々の病気を予防するための取組を選んだりすること。
・病気の予防について，病気の予防や回復のために考えたり，選んだりした方法がなぜ適切であるか，理由をあげて学習カードに書いたり，友達に説明したりすること。

(2)　一単位時間の流れ
――第３学年「健康な生活」〈第１時〉

分	学習活動	Point
５分	１　今，自分が健康だと思うかを発表し合う。 「あなたは健康ですか。」 「なぜそう思うか理由も考えましょう。」	
３分 10分	２　絵から「健康だと思う人」を探しましょう。 ３　健康とはどんな状態かをグループで考える。 ［健康な子とは，どんな子でしょう。］ ・病気をしない子　・早寝早起きをする子 ・朝ご飯を食べる子　・食べ物の好き嫌いがない子 ・笑顔な子　・元気よく外で遊ぶ子 ・手洗い，うがいをする子	❶
10分	４　健康な生活に関わることを，生活の仕方，身の回りの環境に分けて考える。 ［健康な子は，どうやって育つのでしょう。］ ・朝しっかりと起きる　・朝ご飯を食べる ・好き嫌いをしない　・元気よく外で遊ぶ ・手洗い，うがいをする　・窓を開ける ・夜早く寝る	❷ ❸
７分	５　心や体の健康は，生活の仕方や環境が関わっていることを知る。	❹
５分	６　健康で生活していると，これからの生活がどのようになるかを予想しましょう。	❺
５分	７　本時の学習をまとめ，学習の振り返りをする。	

思考力，判断力，表現力等

❸出された意見を「生活の仕方に関わること」「身の回りの環境に関わること」に分けて板書する。

知識

❶健康の状態には気持ちが意欲的であること，元気なこと，具合の悪いところがないことなどの心や体の調子よい状態であることを理解できるようにする。

❹健康の状態には，１日の生活の仕方などの主体の要因や身の回りの環境が関わっていることを理解できるようにする。

❺心や体が健康であることは，人と関わりながら明るく充実した毎日の生活を送れることにつながり，健康がかけがえのないものであることを説明する。

留意点

❷「身の回りの環境に関わること」は，児童から意見が出にくいことが予想されるので，補足する。

「心や体の調子がよい状態は，主体の要因や身の回りの環境の要因が関わっていること」という健康の考え方を，小中高へと続く保健学習の第１時間目でしっかりと理解できるようにする。具体的な指導においては，第１時では，「主体の要因や身の回りの環境が関わっていること」については，紹介する程度にとどめ，第２時以降の「１日の生活の仕方」「体の清潔」「身の回りの環境」において詳しく学習するようにしていく。

(3)　一単位時間の流れ――第４学年「体の発育・発達」〈第４時〉

分	学習活動	Point
２分	１　前時を振り返り，本時のねらいを知る。 体をよりよく育てるための生活の仕方を考えよう！	
５分	２　自分の生活を振り返って， ○×クイズに答える。 運動 ①　外遊びをたくさんしています。 ②　エスカレーターより階段をつかいます。 食事 ③　いつも朝ごはんをしっかり食べています。	

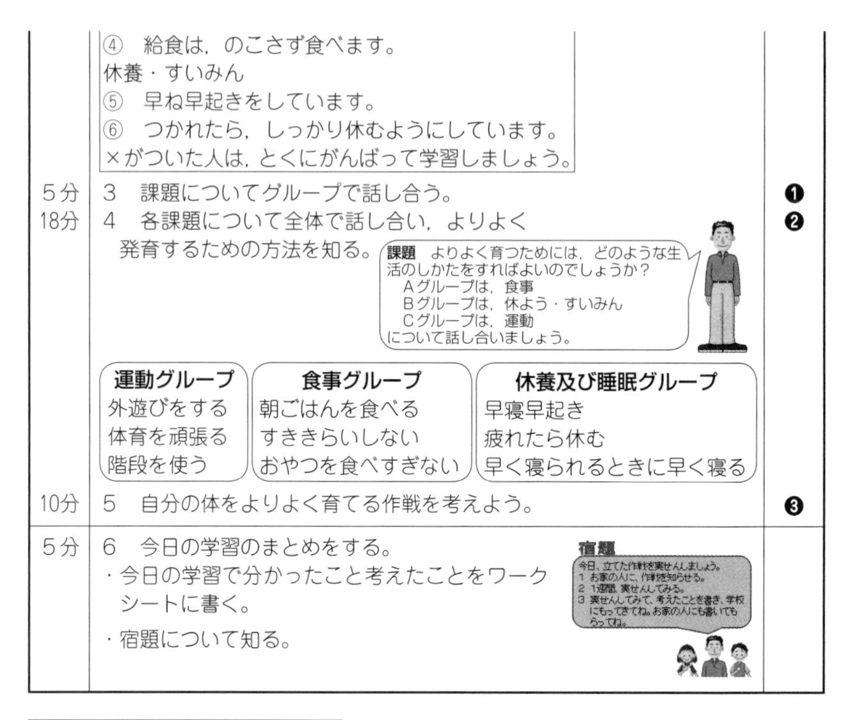

時間	学習活動	
	④　給食は，のこさず食べます。 休養・すいみん ⑤　早ね早起きをしています。 ⑥　つかれたら，しっかり休むようにしています。 ×がついた人は，とくにがんばって学習しましょう。	
5分	3　課題についてグループで話し合う。	❶
18分	4　各課題について全体で話し合い，よりよく発育するための方法を知る。 課題　よりよく育つためには，どのような生活のしかたをすればよいのでしょうか？ Aグループは，食事 Bグループは，休よう・すいみん Cグループは，運動 について話し合いましょう。 **運動グループ**　外遊びをする／体育を頑張る／階段を使う **食事グループ**　朝ごはんを食べる／すききらいしない／おやつを食べすぎない **休養及び睡眠グループ**　早寝早起き／疲れたら休む／早く寝られるときに早く寝る	❷
10分	5　自分の体をよりよく育てる作戦を考えよう。	❸
5分	6　今日の学習のまとめをする。 ・今日の学習で分かったこと考えたことをワークシートに書く。 ・宿題について知る。 宿題 今日、立てた作戦を実せんしましょう。 1　お家の人に、作戦を知らせる。 2　1週間、実せんしてみる。 3　実せんしてみて、考えたことを書き、学校にもってきてね。お家の人にも書いてもらってね。	

思考力，判断力，表現力等

❶１グループ４人程度とし，クラスを体の発育・発達によい運動，バランスのとれた食事，適切な休養及び睡眠の三つの課題に分け，よりよく自分の体を育てる生活の仕方について進んで考えられるようにする。休養及び睡眠グループは，課題が難しいので特に気を付けて助言する。

❸学習内容を生かして自分の体をよりよく育てる解決策を考えられるようにする。できるだけ自分の課題に合った解決策を立てるようにするが，協力して友達の解決策を考えたり，友達のよい解決策から学んだりするなど助言する。

知識

❷全体で話し合い，以下のことをおさえる。

【運動】適度な運動が大切である。

【食事】多くの種類の食品をバランスよく食べることが大切である。

【休養・睡眠】休養は，心と体の疲れをとる。睡眠は，午後10時までに寝て，9 ～ 10時間ぐらいの睡眠が必要である。

留意点

「体の発育・発達」の学習では，指導内容や指導について保護者の理解を得る等の配慮が大切である。事前に学年通信・学級通信を活用して各家庭に知らせておくと，保護者も慌てることなく，児童の様子を見守ってくれる。

(4) 一単位時間の流れ――第5学年「けがの防止」〈第3時〉

分	学習活動	Point
10	1 前時の学習を振り返る。 2 導入問題を考える。 問題 下の絵の中でだれが不しん者かを考えましょう。 A B C D 正解 不しん者はだれだか分かりません。	
2	3 本時のめあてを知る。 犯罪被害の防止について考えましょう。	
13	4 犯罪が起こりやすい理由を考える。 ある公園のトイレ　ある建物の非常階段 ・犯罪が起こりやすい場所に共通する理由は？ キーワード 入りやすくて，見えにくい場所 今日のポイント 犯罪から身を守るためには， ○犯罪が起きやすい場所に近づかない。 ○すぐに助けをもとめる。	❶
15	5 習得した知識を使って課題に取り組む。 次の場面で犯罪から身を守るために，あなたならどのように行動しますか？ 放課後，友達と遊ぶために歩いて公園に出かけます。 夜，習い事が終わり，1人で歩いて家に帰ろうとしています。 自分の家に帰ろうと，エレベーターに乗ろうとしています。	❷

5	6　本時の学習をまとめ，学習の振り返りをする。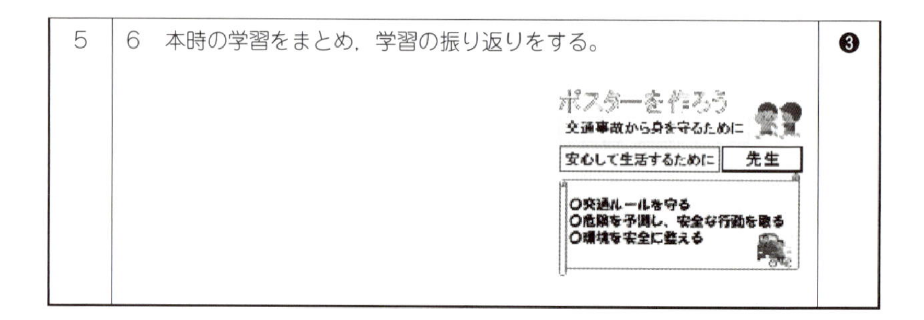	❸

思考力，判断力，表現力等

❷それぞれの場面で，犯罪から身を守るためにどのように行動すればよいのか考えさせる。

○場面ごとにグループ分け（１グループ４人程度）を行う。

○はじめに個人で考えた後，グループで考えを共有する。その中で，友達の意見を聞くことなどを通して，多様な解決方法を考え，その中から，適切な方法を選択できるようにする。

❸学習のまとめとして，教師の例を参考に犯罪被害防止のポスターを作成する方法も考えられる。画用紙を用意し，犯罪被害防止の方法を簡潔に書くように指導する。

知識及び技能

❶犯罪から身を守るためには，犯罪が起きやすい場所（入りやすくて，見えにくい場所）に近付かないこと，すぐに助けを求めることをきちんとおさえる。

(5)　一単位時間の流れ——第６学年「病気の予防」〈第２時〉

分	学習活動	Point
5	1　前時の学習の振り返りをする。 ・病気は，病原体，体の抵抗力，生活行動，環境が関わり合って起こることを確認する。	❶
5	2　感染症の意味を知る。 ・病原体が体内に入ることによって引き起こされる病気を感染症という。	❷

6	3　インフルエンザの特徴と感染の仕方を知る。 ・インフルエンザは病原体がもとになって起こる病気であること。インフルエンザは飛沫感染であること。 インフルエンザの予防法を考えましょう。 インフルエンザの特ちょうは 冬に流行することが多い 急な高熱　頭痛 鼻水　せき　のどの痛み 寒気　腹痛　関節痛 全身がだるい　筋肉痛	
8	4　インフルエンザの予防法をグループで話し合い，できるだけたくさんカードに書く。	
8	5　出された意見を仲間分けしよう！ ①グループごとに，病原体が体内に入るのを防ぐ，体の抵抗力を高めることの二つの観点で意見を仲間分けする。 ②クラス全員で仲間分けを確かめる。	❸
8	6　インフルエンザの予防方法について詳しく知る。 ・予防接種　・マスクの意味　・咳エチケット ・手洗いの大切さ	❹
5	今日の学習のまとめをする。	

思考力，判断力，表現力等

❸感染症の予防の知識を活用して，出た意見を分類させる。

知識

❶病気は，病原体，体の抵抗力，生活行動，環境が関わり合って起こることを確認する。

❷病原体が体の中に入ることによって起きる病気が感染症であること，インフルエンザウィルスが患者のせきやくしゃみなどによって，空気中に飛び散り，健康な人の鼻や口から体内に入って活動することにより起こることを指導する。

❹マスクは，自分が病気にかからないためと人にうつさないためのものであること。手洗いでは，水で流しただけでは，かえって菌が増えてしまうこともあり，石鹸を使ってしっかりと手洗いをすることが大切なことや，ハンカチを持ち歩く大切さも指導する。予防接種は抵抗力を高めるために行うことも指導する。

第4章

学習指導要領を活かす体育科のカリキュラム・マネジメント

第１節
社会に開かれた体育科のカリキュラム

Q 体育科における「社会に開かれた教育課程」とはどのようなものですか。

中央教育審議会答申においては，「よりよい学校教育を通じてよりよい社会を創る」という目標を学校と社会が共有し，連携・協働しながら，新しい時代に求められる資質・能力を児童に育む「社会に開かれた教育課程」の実現が標榜された。

児童が，変化の激しい社会を生きるために必要な力の育成を目指すために，また，社会との連携・協働を重視しながら学校の特色づくりを図っていくために「社会に開かれた教育課程」の実現が不可欠とされたのである。

さらに，中央教育審議会答申には「社会に開かれた教育課程」が備えるべき三つの要件を挙げている。

① 社会や世界の状況を幅広く視野に入れ，よりよい学校教育を通じてよりよい社会を創るという目標をもち，教育課程を介してその目標を社会と共有していくこと。
② これからの社会を創り出していく子供たちが，社会や世界に向き合い関わり合い，自らの人生を切り拓いていくために求められる資質・能力とは何かを，教育課程において明確化し育んでいくこと。
③ 教育課程の実施に当たって，地域の人的・物的資源を活用し

たり，放課後や土曜日等を活用した社会教育との連携を図ったりし，学校教育を学校内に閉じずに，その目指すところを社会と共有・連携しながら実現させること。

こうした「社会に開かれた教育課程」を推進するためにも，『学校教育の社会的機能』を基盤として具現化を図りたい。

１　学校教育の社会的機能

一般的に，学校教育の社会的な機能は①社会化②選抜・配分③正当化の観点で語られることが多い。児童は学校において，①社会的に求められる知識の習得とともに，社会に出てから必要とされる基本的な行動様式（例：挨拶）の獲得を図り＜＝社会化＞，その過程における得手・不得手などによるある種の評価（例：テストの上位者と下位者）は，その後の職業選択にもつながる＜＝選抜・配分＞。このように，一人一人の能力の特長によって公平に社会的な地位を求める権利が保障される＜＝正当化＞ことは近代国家の一つの証でもある。こうした社会的な機能は，その時代の社会的なニーズによってその内容を変遷させてきた。

これは体育科においても例外ではなく，その時代のニーズに即した教科内容が識者によって練られてきたのである。

例えば，日本が産業化社会を迎えた昭和30年代は，体育科においても技能獲得やその系統性が重視された。東京オリンピックを機に国際社会の仲間入りを果たした昭和40年代は，世界に打ち勝つ体力が重視された時代であった。そして，生涯学習が掲げられた昭和50年代には，生涯にわたって運動に親しむ資質や態度を養うため，体育の楽しさを求めるようになったのである。

2　2030年の日本社会と学校教育

(1)　これからの社会

今回の改訂は，どのような社会を想定したものであろうか。改訂の基盤となる「論点整理」によれば，今回の改訂で想定された平成42 (2030) 年の社会と子供像は，少子高齢化社会を背景にしたグローバル化，多様化する社会が描かれている。この時代は，65歳以上の割合が人口の約３割となり，生産年齢の割合減少により世界GDPにおける日本の割合も著しい減退 (5.8%から3.4%へ) が予測されている。さらに，AI (人工知能) の台頭による職種の減少・変化により，今，目の前にいる児童たちは，今はない職業に就いていくことになると予想されている。

こうした予測できない未来に対応するためには，社会の変化に受け身で対応するのではなく，主体的に課題に向き合って関わり合い，その過程を通して，一人一人が自らの可能性を最大限に発揮し，よりよい社会と幸福な人生を自ら創り出していくことが重要である。

(2)　これからの学校教育（カリキュラムの改変）

こうした社会を生き抜く児童たちに育むべき資質・能力については本書の冒頭を参照されたい。この資質・能力を具現化するための方略として，今回の改訂では学校教育全体のカリキュラムの改変がポイントとなった。すなわち「教育課程全体が相互に有機的に関係しあって機能しているか」が最大限に重要視されたのである。

ここで，私たちは，カリキュラムとは「シークエンス（体系・系統)」と「スコープ (内容)」によって成り立つことを忘れてはならない。

学校現場におけるカリキュラム・マネジメントの論議では，まだ教科内限定の枠から出ないものや，逆に教科を超えた体系にのみ視点を充て，その教科の本質的な意義がおろそかにされているものが少なくない。

これまでの学習指導要領は，教科ごとには体系化されているが，今後はさらに，教育課程全体で児童にどのような資質・能力を育むのかという観点から，教科を超えた視点を持ちつつ，それぞれの教科を学ぶことによってどういった資質・能力が身に付き，それが教育課程全体の中でどのような意義を持つのか，また関連付けることができるのかを整理し，全体構造を明らかにしていくことが重要である。

目指す方向は，教科等を学ぶ本質的な意義（見方・考え方）を大切にしつつ，教科等間の相互の関連を図ることによって，それぞれ単独では生み出し得ない教育効果を得ようとする教育課程である。そのために，教科等の意義を再確認しつつ，互いの関連が図られた，全体としてバランスのとれたカリキュラムの編成が課題とされるのである。

この課題はカリキュラム・マネジメントとして「学習指導要領解説総則」（平成29（2017）年6月　文部科学省）にまとめられた。

(3)　学習指導要領の役割

今回の改訂の基本的な考え方は，児童一人一人に，社会の変化に受け身で対応するのではなく，主体的に向き合って関わり合い，自らの可能性を発揮し多様な他者と協働しながら自らの可能性を広げ，よりよい社会と幸福な人生を切り拓き，未来の創り手となるために必要な力を育んでいくことにある。

この実現を目指すために，学習指導要領が，学校・家庭・地域の関係者が幅広く共有し活用できる「学びの地図」となることが掲げられた。この際，六つの観点にわたって，教育課程や教育活動の改善・充実をチェックすることが求められている。

その六つの観点とは

①「何ができるようになるか」
　＝育成を目指す資質・能力の明確化

②「何を学ぶか」
　＝教科等を学ぶ意義と，教科等間・学校段階間のつながりを踏まえた教育課程の編成

③「どのように学ぶか」
　＝各教科等の指導計画の作成と実施，学習・指導の改善・充実
④「子供一人一人の発達をどのように支援するか」
　＝子供の発達を踏まえた指導
⑤「何が身に付いたか」
　＝学習評価の充実
⑥「実施するためには何が必要か」
　＝学習指導要領等の理念を実現するために必要な方策
である。

中央教育審議会答申では，「『社会に開かれた教育課程』とは，学校を変化する社会の中に位置付け，学校教育の中核となる教育課程について，よりよい学校教育を通じてよりよい社会を創るという目標を学校と社会が共有し，それぞれの学校において，必要な教育内容をどのように学び，どのような資質・能力を身につけられるようにするのかを明確にしながら，社会との連携・協働によりその実現を図っていく。」とある。つまり，より強固に「社会で生きて働く力の育成」が目指されているのである。

さらに，今回の改訂で新しく強調されたのは，特別に支援を要する児童への対応である。これまで，あまり強調されてこなかったこの課題は，どの学校・学級にも内在する課題である。

「共生社会」という観点からも，どの児童にも等しく「社会で生きて働く力の育成」を成し遂げるためには，合理的な配慮の下，学校組織として体育科の授業を構築していく必要がある。こうした配慮は全教科でなされるべき重要な視点であり，教科間を越えた横断的な価値項目として情報共有される必要がある。

今後，目の前の子供たちが生きる時代を見据えつつ，各学校で，前述の６点を視点としながら「社会に開かれた教育課程」の具現化が強く望まれている。

第２節
幼保・小学校・中学校・高等学校を通した体育科の在り方

Q　体育科における校種間の連携をどのように捉えたらよいですか。

１　異校種間における連携について

新学習指導要領等においては，校種間の連携に関して次のように記されている。

幼稚園教育要領（平成29年３月）
第１章　総則
第３　教育課程の役割と編成等
５　小学校教育との接続に当たっての留意事項
(1)　幼稚園においては，幼稚園教育が，小学校以降の生活や学習の基盤の育成につながることに配慮し，幼児期にふさわしい生活を通して，創造的な思考や主体的な生活態度などの基礎を培うようにするものとする。
(2)　幼稚園教育において育まれた資質・能力を踏まえ，小学校教育が円滑に行われるよう，小学校の教師との意見交換や合同の研究の機会などを設け，「幼児期の終わりまでに育ってほしい姿」を共有するなど連携を図り，幼稚園教育と小学校教育との円滑な接続を図るよう努めるものとする。

第6　幼稚園運営上の留意事項

3　地域や幼稚園の実態等により，幼稚園間に加え，保育所，幼保連携型認定こども園，小学校，中学校，高等学校及び特別支援学校などとの間の連携や交流を図るものとする。特に，幼稚園教育と小学校教育の円滑な接続のため，幼稚園の幼児と小学校の児童との交流の機会を積極的に設けるようにするものとする。また，障害のある幼児児童生徒との交流及び共同学習の機会を設け，共に尊重し合いながら協働して生活していく態度を育むよう努めるものとする。

保育所保育指針（平成29年３月）

第２章　保育の内容

４　保育の実施に関して留意すべき事項

⑵　小学校との連携

ア　保育所においては，保育所保育が，小学校以降の生活や学習の基盤の育成につながることに配慮し，幼児期にふさわしい生活を通じて，創造的な思考や主体的な生活態度などの基礎を培うようにすること。

イ　保育所保育において育まれた資質・能力を踏まえ，小学校教育が円滑に行われるよう，小学校教師との意見交換や合同の研究の機会などを設け，第１章の４の⑵に示す「幼児期の終わりまでに育って欲しい姿」を共有するなど連携を図り，保育所保育と小学校教育との円滑な接続を図るよう努めること。

ウ　子どもに関する情報共有に関して，保育所に入所している子どもの就学に際し，市町村の支援の下に，子どもの育ちを支えるための資料が保育所から小学校へ送付されるようにすること。

小学校学習指導要領（平成29年３月）

第１章　総則

第２　教育課程の編成

４　学校段階等間の接続

教育課程の編成に当たっては，次の事項に配慮しながら，学校段階等間の接続を図るものとする。

(1)　幼児期の終わりまでに育ってほしい姿を踏まえた指導を工夫することにより，幼稚園教育要領等に基づく幼児期の教育を通して育まれた資質・能力を踏まえて教育活動を実施し，児童が主体的に自己を発揮しながら学びに向かうことが可能となるようにすること。

また，低学年における教育全体において，例えば生活科において育成する自立し生活を豊かにしていくための資質・能力が，他教科等の学習においても生かされるようにするなど，教科等間の関連を積極的に図り，幼児期の教育及び中学年以降の教育との円滑な接続が図られるよう工夫すること。特に，小学校入学当初においては，幼児期において自発的な活動としての遊びを通して育まれてきたことが，各教科等における学習に円滑に接続されるよう，生活科を中心に，合科的・関連的な指導や弾力的な時間割の設定など，指導の工夫や指導計画の作成を行うこと。

(2)　中学校学習指導要領及び高等学校学習指導要領を踏まえ，中学校教育及びその後の教育との円滑な接続が図られるよう工夫すること。特に，義務教育学校，中学校連携型小学校及び中学校併設型小学校においては，義務教育９年間を見通した計画的かつ継続的な教育課程を編成すること。

中学校学習指導要領（平成29年３月）

第１章　総則
第２　教育課程の編成
　４　学校段階間の接続
　　教育課程の編成に当たっては，次の事項に配慮しながら，学校段階間の接続を図るものとする。
(1)　小学校学習指導要領を踏まえ，小学校教育までの学習の成果が中学校教育に円滑に接続され，義務教育段階の終わりまでに育成することを目指す資質・能力を，生徒が確実に身に付けることができるよう工夫すること。 特に，義務教育学校，小学校連携型中学校及び小学校併設型中学校においては，義務教育９年間を見通した計画的かつ継続的な教育課程を編成すること。
(2)　高等学校学習指導要領を踏まえ，高等学校教育及びその後の教育との円滑な接続が可能となるよう工夫すること。特に，中等教育学校，連携型中学校及び併設型中学校においては，中等教育６年間を見通した計画的かつ継続的な教育課程を編成すること。

高等学校学習指導要領（平成21年３月）
第１章総則第５款５（14）抜粋
　高等学校間や中学校，特別支援学校及び大学などとの間の連携や交流を図る。

(1)　幼稚園・保育所（園）・小学校の連携

小学校に入学したばかりの小学校１年生が，授業中に座っていられない，教師の話を聞かない，集団行動がとれず適応できない等の「小１プロブレム」と呼ばれる不適応を起こすことが指摘されている。これらの課題が発生する一因として，幼稚園や保育所における「遊びや生活の中の学び」が，小学校では「学習時間で区切られた各教科の学習」となる生活・学習環境の変化が考えられ，これらが幼稚園・保育所（園）と小学校における段差となっている。そのため，小学校での学習や生活を円滑に行えるよう，就学前教育と小学校教育の滑らかで確実な接続，幼保小における段差の解消に向けた取組が重ねられてきた。新学習指導要領ではさらに一歩踏み込み，接続の推進を促すとともに，カリキュラム・マネジメントの確立をする中で，これらの段差の解消の実現を目指している。

(2)　小学校・中学校の連携

小学校から中学校への進学において，新しい環境での学習や生活へ移行する段階で，不登校等の生徒指導上の諸問題につながっていく事態等，いわゆる「中１ギャップ」に直面し，小学校から中学校への接続を円滑化する必要性が求められてきた。そこで，小中連携，小中一貫教育を推進し，「中１ギャップ」の解消を図る試みが積み重ねられてきた。新学習指導要領では，円滑な接続の工夫が強く求められ，より一層の連携・接続の実現を目指している。

(3)　中学校・高等学校の連携

子供たちはそれぞれの地域の小学校や中学校において様々な人間関係の中で育ち，中学校を卒業した後，義務教育を離れ，高等学校に地域を越えて入学していく。高等学校は，子供たちがそのキャリアや人格を形成する重要な時期であるが，中途退学者及び長期欠席者の増加が大きな課題となっている。中高連携をより一層推進することで，中途退学者及び長期欠席者の防止や減少を図ることが求められている。

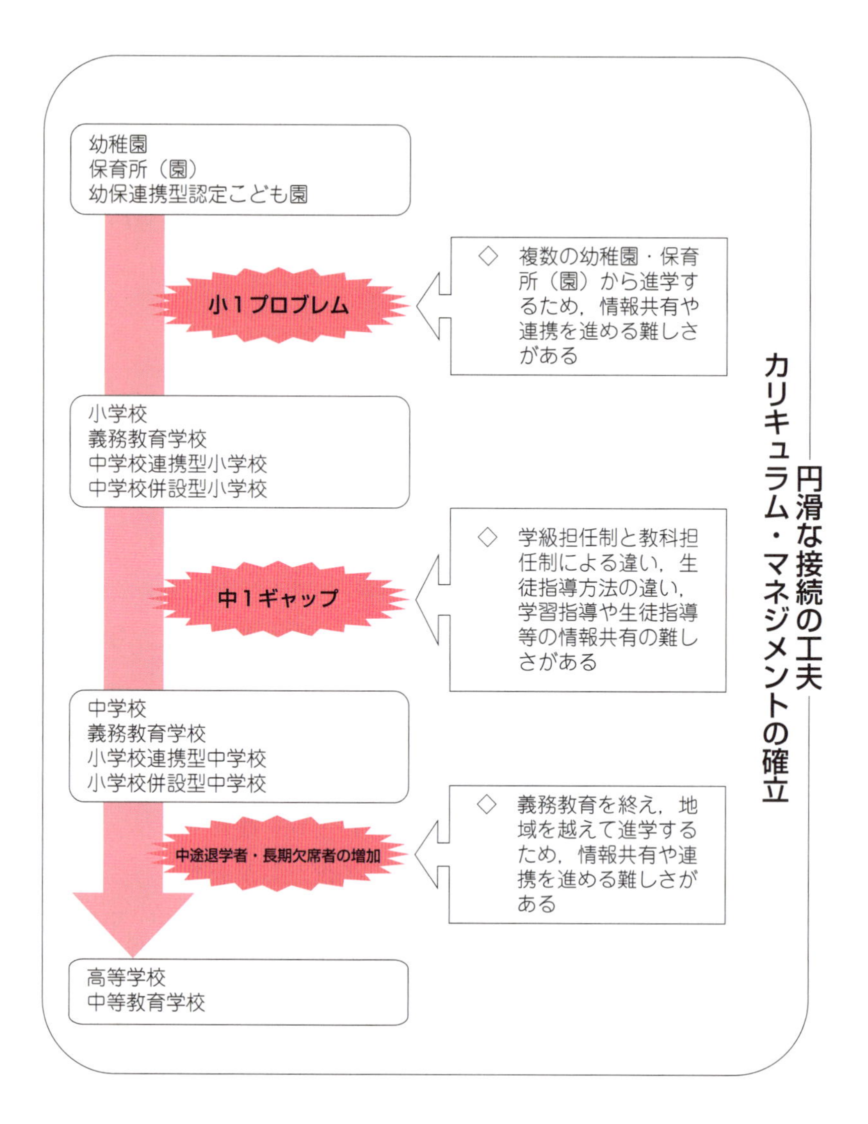

幼稚園
保育所（園）
幼保連携型認定こども園
小１プロブレム
◇　複数の幼稚園・保育所（園）から進学するため，情報共有や連携を進める難しさがある
小学校
義務教育学校
中学校連携型小学校
中学校併設型小学校
中１ギャップ
◇　学級担任制と教科担任制による違い，生徒指導方法の違い，学習指導や生徒指導等の情報共有の難しさがある
中学校
義務教育学校
小学校連携型中学校
小学校併設型中学校
中途退学者・長期欠席者の増加
◇　義務教育を終え，地域を越えて進学するため，情報共有や連携を進める難しさがある
高等学校
中等教育学校
円滑な接続の工夫
カリキュラム・マネジメントの確立

2　各校種における体育科の在り方

(1)　幼稚園・保育所（園）における体育

新幼稚園教育要領では，幼稚園・保育所（園）における体育に関する内容について，次のように記されている。

幼稚園教育要領（平成29年３月）
第２章　ねらい及び内容
３　内容の取扱い
上記の取扱いに当たっては，次の事項に留意する必要がある。
(1)　心と体の健康は，相互に密接な関連があるものであることを踏まえ，幼児が教師や他の幼児との温かい触れ合いの中で自己の存在感や充実感を味わうことなどを基盤として，しなやかな心と体の発達を促すこと。特に，十分に体を動かす気持ちよさを体験し，自ら体を動かそうとする意欲が育つようにすること。
(2)　様々な遊びの中で，幼児が興味や関心，能力に応じて全身を使って活動することにより，体を動かす楽しさを味わい，自分の体を大切にしようとする気持ちが育つようにすること。その際，多様な動きを経験する中で，体の動きを調整するようにすること。
(3)　自然の中で伸び伸びと体を動かして遊ぶことにより，体の諸機能の発達が促されることに留意し，幼児の興味や関心が戸外にも向くようにすること。その際，幼児の動線に配慮した園庭や遊具の配置などを工夫すること。

幼児期運動指針ガイドブック（平成24年３月）抜粋

> 幼児期に体を動かす遊びを中心とした身体活動を十分することは，基本的な動きを身に付けるだけでなく，生涯にわたって健康を維持し，積極的に様々な活動に取り組み，豊かな人生を送るための基盤づくりになります。

幼稚園・保育所（園）の体育においては，下記の点に重点を置き，心と体の健康の基盤づくりを目指している。

・多様な動きが経験できるように様々な遊びを取り入れること
・楽しく体を動かす時間を確保すること
・発達の特性に応じた遊びを提供すること

(2)　中学校における体育科

新中学校学習指導要領においては，体育科（保健体育，体育分野）について，次のように記されている。

> 中学校学習指導要領（平成29年３月）
> 第７節　保健体育
> 第１　目標
> 体育や保健の見方・考え方を働かせ，課題を発見し，合理的な解決に向けた学習過程を通して，心と体を一体として捉え，生涯にわたって心身の健康を保持増進し豊かなスポーツライフを実現するための資質・能力を次のとおり育成することを目指す。
> (1)　各種の運動の特性に応じた技能等及び個人生活における健康・安全について理解するとともに，基本的な技能を身に付けるようにする。
> (2)　運動や健康についての自他の課題を発見し，合理的な解決に向けて思考し判断するとともに，他者に伝える力を養う。

(3)　生涯にわたって運動に親しむとともに健康の保持増進と体力の向上を目指し，明るく豊かな生活を営む態度を養う。

第2　各学年の目標及び内容

〔体育分野　第1学年及び第2学年〕

1　目標

(1)　運動の合理的な実践を通して，運動の楽しさや喜びを味わい，運動を豊かに実践することができるようにするため，運動，体力の必要性について理解するとともに，基本的な技能を身に付けるようにする。

(2)　運動についての自己の課題を発見し，合理的な解決に向けて思考し判断するとともに，自己や仲間の考えたことを他者に伝える力を養う。

(3)　運動における競争や協働の経験を通して，公正に取り組む，互いに協力する，自己の役割を果たす，一人一人の違いを認めようとするなどの意欲を育てるとともに，健康・安全に留意し，自己の最善を尽くして運動をする態度を養う。

〔体育分野　第3学年〕

1　目標

(1)　運動の合理的な実践を通して，運動の楽しさや喜びを味わい，生涯にわたって運動を豊かに実践することができるようにするため，運動，体力の必要性について理解するとともに，基本的な技能を身に付けるようにする。

(2)　運動についての自己や仲間の課題を発見し，合理的な解決に向けて思考し判断するとともに，自己や仲間の考えたことを他者に伝える力を養う。

(3)　運動における競争や協働の経験を通して，公正に取り組む，互いに協力する，自己の責任を果たす，参画する，一人一人の違いを大切にしようとするなどの意欲を育てるとともに，健康・安全を確保して，生涯にわたって運動に親しむ態度を養う。

〔保健分野〕

1　目標

(1)　個人生活における健康・安全について理解するとともに，基本的な技能を身に付けるようにする。

(2)　健康についての自他の課題を発見し，よりよい解決に向けて思考し判断するとともに，他者に伝える力を養う。

(3)　生涯を通じて心身の健康の保持増進を目指し，明るく豊かな生活を営む態度を養う。

中学校保健体育科においては，生涯にわたって運動やスポーツに親しみ，スポーツとの多様な関わり方を場面に応じて選択し，実践することができるようにすることを目指している。

体育分野では，生徒が運動の合理的な実践を通して，運動の楽しさや喜びを味わうとともに，これまで学習した知識や技能を身に付け，生涯にわたって運動を豊かに実践することができるようにすることを目指している。

保健分野については，健康・安全，健康課題を解決する力の育成を目指すとともに，心の健康や疾病の予防に関する内容等を身に付け，よりよい生活を営む態度を養うことを目指している。

(3)　高等学校における体育科

高等学校指導要領（平成21年３月）
第２章　各学科に共通する各教科
第６節　保健体育

第1款　目標

心と体を一体としてとらえ，健康・安全や運動についての理解と運動の合理的，計画的な実践を通して，生涯にわたって豊かなスポーツライフを継続する資質や能力を育てるとともに健康の保持増進のための実践力の育成と体力の向上を図り，明るく豊かで活力ある生活を営む態度を育てる。

第2款　各科目

第1　体育

1　目標

運動の合理的，計画的な実践を通して，知識を深めるとともに技能を高め，運動の楽しさや喜びを深く味わうことができるようにし，自己の状況に応じて体力の向上を図る能力を育て，公正，協力，責任，参画などに対する意欲を高め，健康・安全を確保して，生涯にわたって豊かなスポーツライフを継続する資質や能力を育てる。

第2　保健

1　目標

個人及び社会生活における健康・安全について理解を深めるようにし，生涯を通じて自らの健康を適切に管理し，改善していく資質や能力を育てる。

高等学校科目・体育については，生涯にわたって豊かなスポーツライフを継続し，スポーツとの多様な関わり方を状況に応じて選択し，卒業後も継続して実践することができるようにする。科目保健については，個人及び社会生活における健康・安全についての総合的な力の育成を目指す。また，少子高齢化や疾病構造の変化による現代的な健康課題の解決に関わる内容，ライフステージにおける健康の保持増進や回復に関わる内容等，人々の健康を支える環境づくりに関する内容の充実を図ることが求められている。

３　校種を越えた学びを実現するために

幼稚園・保育所（園）・小学校・中学校・高等学校といった校種を越えた学びを実現していくためには，まだ多くの課題が存在している。複数の幼稚園・保育所（園）と小学校との連携や情報共有の難しさ。校種による指導方法等の考え方の違い。地域を越えて入学する高等学校と他の校種との連携の難しさ。

校種を越えた学びを実現するためには，まず，培いたい資質・能力の姿と目の前の子供たちの姿を共有し，学校全体で教育課程の見直しを図るカリキュラム・マネジメントの確立など，組織的学校経営の推進が重要である。

①子供の発達や目指す子供の姿の共有と相互理解
②個の力に頼る教育から，学校力・チーム学校での教育へ
③家庭・地域と連携・協働した校区レベルでのカリキュラム・マネジメントの確立
④地域の特性・特色を生かした学校区レベルでの文化の構築

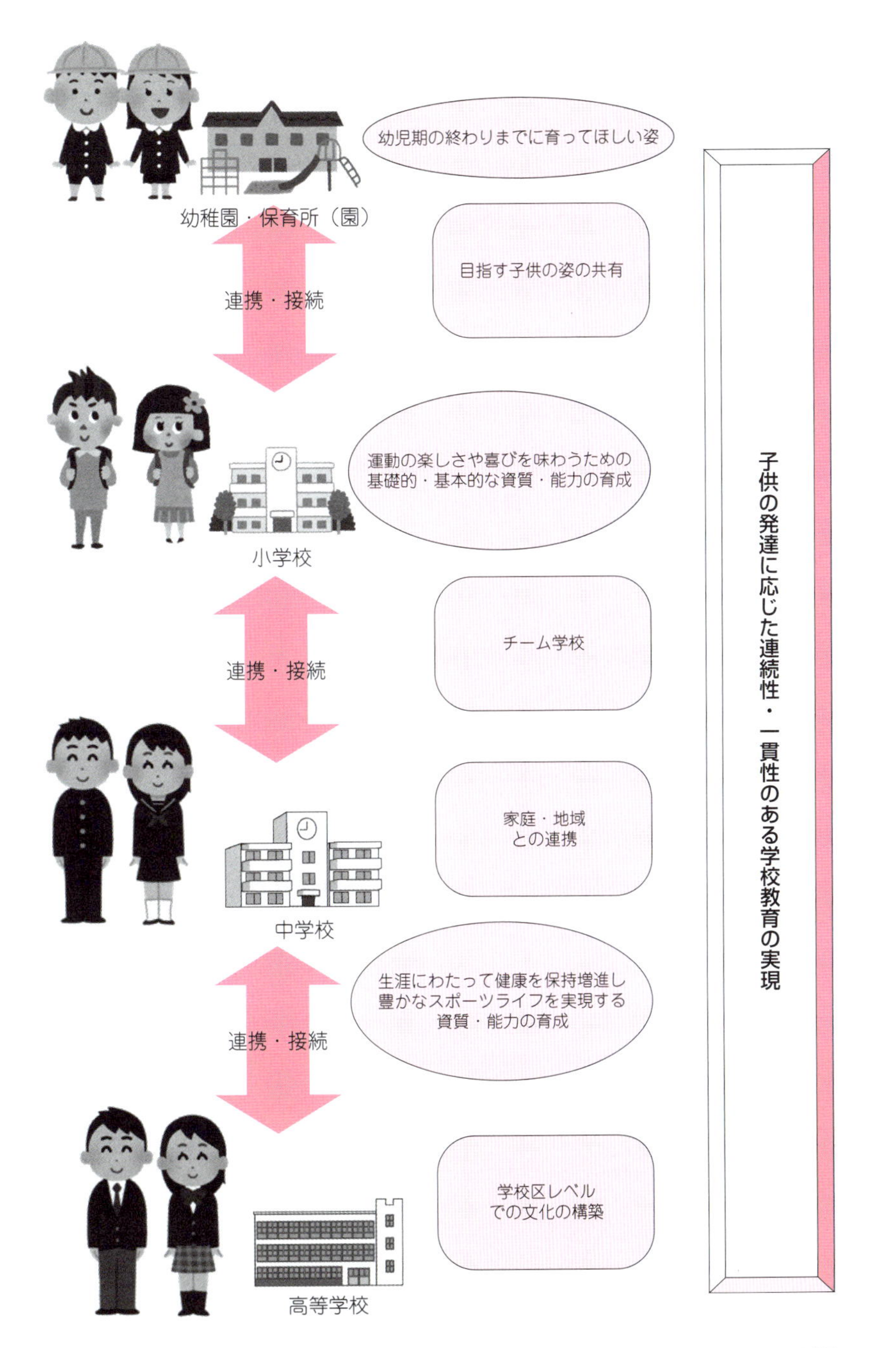

幼児期の終わりまでに育ってほしい姿
幼稚園・保育所（園）
連携・接続
目指す子供の姿の共有
運動の楽しさや喜びを味わうための
基礎的・基本的な資質・能力の育成
小学校
連携・接続
チーム学校
家庭・地域
との連携
中学校
連携・接続
生涯にわたって健康を保持増進し
豊かなスポーツライフを実現する
資質・能力の育成
学校区レベル
での文化の構築
高等学校
子供の発達に応じた連続性・一貫性のある学校教育の実現

第３節
新学習指導要領を反映した体育科の授業研究の在り方

Q 体育科におけるこれからの授業研究にどのように取り組めばよいですか。

中教審答申では，教師の役割の一つとして「人が生涯にわたって学び続けてゆくことの本質を捉えながら教えることに関わり，時代を生きる子供たちに求められる資質・能力を育むために必要な学びの在り方を問い続け，質の高い授業の創造へ工夫・改善を重ねること」を提示している。

私たちは教師としてこの立場を堅持しつつ，以下の点を踏まえて，授業研究を行っていきたい。

１　世界に先駆ける日本の「授業研究」

これまで日本の教育は一人一人の教員の指導改善の工夫や教材研究の努力に支えられてきた。それを担ってきたのが，教員がお互いの授業を検討しながら学び合い，改善していく「授業研究」である。

授業研究は日本独自の教員研修システムである。明治初期に作られ，現在も多くの学校で実践されているこのシステムは，学校教育目標や学校経営方針，そして児童の実態から抽出された研究主題に沿った授業実践をもとに，教師集団が組織として互いに助言・批評し，学び合う場となっている。

このシステムは，平成11（1999）年に「日本の授業の質の高さの秘訣は授業研究にある」と米国で紹介された[※1]ことから注目を集め，世界各国で取組が始まった。

海外からみた日本の授業研究の特質は，以下の５点に集約される。[※1]

①教科・学年を超えて集まる職員室を設置している（協同的職場環境）

②小学校は教員が１年から６年まで，中学校は１年から３年までを幅広く担当する（教師経験の広さ）

③全国同一内容での授業が展開される（学習指導要領の制定）

④指導案作成・授業参観・授業記録を基にした分析・紀要作成（継続的研修サイクル）

⑤共通言語の共有（指導案・発問など）

さらに，こうした特質から次の三つの特徴が挙げられるという。

○教師研修を支える教具やシステム（研究協議会）という学習環境の存在があること

○学び合う組織やルール，規範を歴史的に形成・継承していること

○授業研究の意義と教育ビジョンを共有していること

私たちはまず，日々身近な「授業研究」が日本発信の，世界に先駆けた教員文化であることを誇りとすべきである。

２　体育科における授業研究の流れ

わが国の学校に体育が登場するのは明治５（1872）年の学制以降である。この体育の指導者を養成する機関として体操伝習所が明治11（1878）年に開設されて以来，学校の体育授業の最適の内容や指導法を開発する研究が始まり，今日まで連綿と続いてきた。「日本体育学会」が発足するのは昭和26（1951）年であったように，本格的に体育（教育）を対象にした科学的研究が始まったのは戦後となる。

当初は体育学を筆頭に，体育原理，体育心理学，体育社会学など，すべて体育という教育事象を対象にして研究が行われた。しかし，時

代が移り，体育学研究の分化と専門化が著しく進行するようになると，特に体育学の研究対象は「体育（教育）」ではなく，「運動（movement）」「健康運動（exercise）」，あるいは「スポーツ（sport）」へと拡大する。その結果，近年，国際的には「体育学」ではなく，「スポーツ科学」という学問的総称概念が用いられるようになり，その中の一つの専門分化学として「スポーツ教育学（sport pedagogy）」あるいは「体育科教育学（pedagogy of physical education）」が位置付けられるようになった。ここで特筆すべきは1970年代に生み出された「体育科教育学」という研究分野の登場である。他の学問分野で生み出された科学的知識や体育の実践的経験に基づきながら，それらを統合して体育科のカリキュラムや指導方法の理論を構築するこの専門分野は，いわば「よい体育授業を実現するための諸条件を究明するための学問」として，大学に代表されるアカデミックな専門研究と，小中学校に代表される体育授業の現場をつなぐ役目も担うようになる。

体育科において「授業研究」と一概に使うのは，この体育科教育学のことを指しているのだと認識して間違いない。

体育科教育学の研究領域は，次の３層から構成されている。

⑴　体育科教育の実践そのものを対象にして行われる「授業研究」
⑵　体育科教育の方法原理（目標－内容－方法）を体系的に明らかにし，授業理論モデルを開発する「授業づくり研究」
⑶　体育科教育の理論や実践のための基礎的知識を提供する「授業の基礎的研究」

である。

第１の「授業研究」は，実際の授業実践を対象にして，授業の中の事実を記述したり，仮説の検証を試みたりする研究で，つとめて臨床的な性格をもつ研究領域である。実践はある理論モデルに基づいて展開されるが，それらの理論は授業過程の事実や授業成果の分析を通して評価され，検証される。一般的に各地区の体育研究部や校内研究で行われる研究授業にはこのタイプのものが多い。

第２の「授業づくり研究」は，体育科教育学の実践に方向を与える理論モデルを解釈学的に生みだそうとする。そこでは社会的課題，子供の発達課題，教育学的課題，教育学的知識，体育諸科学の知識，さらに体育実践や授業研究で得られた知識を総合・統合して授業の理論モデルを構築しようとする。一般的には，大きな研究組織（各都道府県規模の体育研究団体等）の実証授業にはこのタイプが多いと言える。

第３の「基礎的研究」は，体育科教育の理論モデルを生み出すための基礎的知識を提供する研究である。体育科教育を対象とする研究は，従来，体育の専門諸科学へ分散して行われてきたが，体育科教育学ではこれらの研究を組織的に位置付けていこうとする。特に，このタイプの研究は科学的あるいは統計的にエビデンスを明確に示す必要があり，業務内容が多岐に渡る学校現場では遂行しにくく，大学の専門家によるところが大きい分野である。筆者の私見だが，この「基礎的研究」が媒体となって，学校現場における「授業研究」や「授業づくり研究」と連動していくことが現在の大きな課題ではないだろうか。

3　新学習指導要領が求める体育科の授業研究

(1)「学びの質」の転換に応じる授業研究

具体的には，「主体的・対話的で深い学び」を実現する取組である。元来，体育はその特性から児童が主体的に動く場面が多く見られる教科である。しかし，これが単なる運動（体を動かすこと）で終わるのではなく，「学び」となる必要がある。そのためには，「体育や保健の見方・考え方」をフィルターとし，身に付けさせる資質・能力の三つの柱の内容を吟味することが不可欠である。

また，毎回の授業の改善という視点を超え，単元のまとまりの中で，指導内容のつながりを意識しながら重点化していく効果的な単元の開発や課題の設定に関する研究も必要であろう。単元等のまとまりを見通した学びの重要性や評価の場面との関係などについて研究していくことが求められている。

(2)「学びの過程」を重視した授業研究

固有の知識や技能を一文的に享受する「教わる過程」でない。これからは，ますます児童自身が，体育を主体的に学ぶこととともに，体育を自分の人生や社会の在り方を結びつけたり，対話を通して多様な人とのつながりを広げたりしていくことが重要である。

単なる知識や技能を記憶したり身に付けたりする学びにとどまらず，身に付けた資質・能力が様々な課題の対応に生かせることを実感できるような学びの深まりである。そのためには，体育科でも特に「学びを生かす」学習過程を構築し，広く一般化すべきであろう。

(3)「学びの目的」を明確にした授業研究

各教科等をなぜ学ぶのか，それを通してどのような力を身に付けさせるのかという，教科等を学ぶ本質的な意義を明確にすることが大切である。これは，児童の学びに向かう力の原点ともなる。

各教科を学ぶ本質的な意義の中核をなすものが「見方・考え方」であり，教科等の教育と社会をつなぐものである。

体育科では「見方・考え方」の視点が，『する・見る・知る・支える』と広がった。子供たちが豊かなスポーツライフを過ごせるためにも，「見方・考え方」を自在に働かせるようにすることができるような「学びの過程」を構築するべく，教師自身が指導方法を不断に見直し，改善していく取組が求められる。

(4)「学びのスパン（期間）」を広げた授業研究

運動の二極化が課題提示される中，体育科の捉え方としてすでに示されている４（小１ ～ ４年）・４（小５ ～中２）・４（中３ ～高３）

年間を見据えた実働的な研究に加え，これからはますます幼稚園・保育園での運動遊びも視野に入れた研究が必須となる。

授業研究は，子供たちの未来につながっている。その一心をもって，我々教師は日々の授業研究にまい進していくべきである。

【参考文献】
高橋健夫ほか編著『体育科教育学入門』大修館書店，2010年
※1 “The Teaching Gap”（James W. Stigler, James Hiebert）1999

小学校学習指導要領
平成29年３月
〔抜粋〕

第２章　各教科
第９節　体　育
第１　目　標

体育や保健の見方・考え方を働かせ，課題を見付け，その解決に向けた学習過程を通して，心と体を一体として捉え，生涯にわたって心身の健康を保持増進し豊かなスポーツライフを実現するための資質・能力を次のとおり育成することを目指す。

(1)　その特性に応じた各種の運動の行い方及び身近な生活における健康・安全について理解するとともに，基本的な動きや技能を身に付けるようにする。

(2)　運動や健康についての自己の課題を見付け，その解決に向けて思考し判断するとともに，他者に伝える力を養う。

(3)　運動に親しむとともに健康の保持増進と体力の向上を目指し，楽しく明るい生活を営む態度を養う。

第２　各学年の目標及び内容
〔第１学年及び第２学年〕

１　目　標

(1)　各種の運動遊びの楽しさに触れ，その行い方を知るとともに，基本的な動きを身に付けるようにする。

(2)　各種の運動遊びの行い方を工夫するとともに，考えたことを他者に伝える力を養う。

(3)　各種の運動遊びに進んで取り組み，きまりを守り誰とでも仲よく運動をしたり，健康・安全に留意したりし，意欲的に運動をする態度を養う。

２　内　容

A　体つくりの運動遊び

体つくりの運動遊びについて，次の事項を身に付けることができるよう指導する。

(1)　次の運動遊びの楽しさに触れ，その行い方を知るとともに，体を動かす心地よさを味わったり，基本的な動きを身に付けたりすること。

ア　体ほぐしの運動遊びでは，手軽な運動遊びを行い，心と体の変化に気付いたり，みんなで関わり合ったりすること。

イ　多様な動きをつくる運動遊びでは，体のバランスをとる動き，体を移動する動き，用具を操作する動き，力試しの動きをすること。

(2)　体をほぐしたり多様な動きをつくったりする遊び方を工夫するとともに，考えたことを友達に伝えること。

(3)　運動遊びに進んで取り組み，

きまりを守り誰とでも仲よく運動をしたり，場の安全に気を付けたりすること。

B　器械・器具を使っての運動遊び

器械・器具を使っての運動遊びについて，次の事項を身に付けることができるよう指導する。

(1)　次の運動遊びの楽しさに触れ，その行い方を知るとともに，その動きを身に付けること。

ア　固定施設を使った運動遊びでは，登り下りや懸垂移行，渡り歩きや跳び下りをすること。

イ　マットを使った運動遊びでは，いろいろな方向への転がり，手で支えての体の保持や回転をすること。

ウ　鉄棒を使った運動遊びでは，支持しての揺れや上がり下り，ぶら下がりや易しい回転をすること。

エ　跳び箱を使った運動遊びでは，跳び乗りや跳び下り，手を着いてのまたぎ乗りやまたぎ下りをすること。

(2)　器械・器具を用いた簡単な遊び方を工夫するとともに，考えたことを友達に伝えること。

(3)　運動遊びに進んで取り組み，順番やきまりを守り誰とでも仲よく運動をしたり，場や器械・器具の安全に気を付けたりすること。

C　走・跳の運動遊び

走・跳の運動遊びについて，次の事項を身に付けることができるよう指導する。

(1)　次の運動遊びの楽しさに触れ，その行い方を知るとともに，その動きを身に付けること。

ア　走の運動遊びでは，いろいろな方向に走ったり，低い障害物を走り越えたりすること。

イ　跳の運動遊びでは，前方や上方に跳んだり，連続して跳んだりすること。

(2)　走ったり跳んだりする簡単な遊び方を工夫するとともに，考えたことを友達に伝えること。

(3)　運動遊びに進んで取り組み，順番やきまりを守り誰とでも仲よく運動をしたり，勝敗を受け入れたり，場の安全に気を付けたりすること。

D　水遊び

水遊びについて，次の事項を身に付けることができるよう指導する。

(1)　次の運動遊びの楽しさに触れ，その行い方を知るとともに，その動きを身に付けること。

ア　水の中を移動する運動遊びでは，水につかって歩いたり走ったりすること。

イ　もぐる・浮く運動遊びでは，息を止めたり吐いたりしながら，水にもぐったり浮いたりすること。

(2)　水の中を移動したり，もぐったり浮いたりする簡単な遊び方を工夫するとともに，考えたことを友達に伝えること。

(3)　運動遊びに進んで取り組み，順番やきまりを守り誰とでも仲よく運動をしたり，水遊びの心得を守って安全に気を付けたりすること。

E　ゲーム

ゲームについて，次の事項を身に付けることができるよう指導する。

(1)　次の運動遊びの楽しさに触れ，その行い方を知るとともに，易しいゲームをすること。

ア　ボールゲームでは，簡単なボール操作と攻めや守りの動きによって，易しいゲームをすること。

イ　鬼遊びでは，一定の区域で，逃げる，追いかける，陣地を取り合うなどをすること。

(2)　簡単な規則を工夫したり，攻め方を選んだりするとともに，考えたことを友達に伝えること。

(3)　運動遊びに進んで取り組み，規則を守り誰とでも仲よく運動をしたり，勝敗を受け入れたり，場や用具の安全に気を付けたりすること。

F　表現リズム遊び

表現リズム遊びについて，次の事項を身に付けることができるよう指導する。

(1)　次の運動遊びの楽しさに触れ，その行い方を知るとともに，題材になりきったりリズムに乗ったりして踊ること。

ア　表現遊びでは，身近な題材の特徴を捉え，全身で踊ること。

イ　リズム遊びでは，軽快なリズムに乗って踊ること。

(2)　身近な題材の特徴を捉えて踊ったり，軽快なリズムに乗って踊ったりする簡単な踊り方を工夫するとともに，考えたことを友達に伝えること。

(3)　運動遊びに進んで取り組み，誰とでも仲よく踊ったり，場の安全に気を付けたりすること。

3　内容の取扱い

(1)　内容の「A体つくりの運動遊び」については，2学年間にわたって指導するものとする。

(2)　内容の「C走・跳の運動遊び」については，児童の実態に応じて投の運動遊びを加えて指導することができる。

(3)　内容の「F表現リズム遊び」の(1)のイについては，簡単なフォークダンスを含めて指導することができる。

(4)　学校や地域の実態に応じて歌や運動を伴う伝承遊び及び自然の中での運動遊びを加えて指導することができる。

(5)　各領域の各内容については，

運動と健康が関わっていることについての具体的な考えがもてるよう指導すること。

〔第３学年及び第４学年〕

1　目　標

(1)　各種の運動の楽しさや喜びに触れ，その行い方及び健康で安全な生活や体の発育・発達について理解するとともに，基本的な動きや技能を身に付けるようにする。

(2)　自己の運動や身近な生活における健康の課題を見付け，その解決のための方法や活動を工夫するとともに，考えたことを他者に伝える力を養う。

(3)　各種の運動に進んで取り組み，きまりを守り誰とでも仲よく運動をしたり，友達の考えを認めたり，場や用具の安全に留意したりし，最後まで努力して運動をする態度を養う。また，健康の大切さに気付き，自己の健康の保持増進に進んで取り組む態度を養う。

2　内　容

A　体つくり運動

体つくり運動について，次の事項を身に付けることができるよう指導する。

(1)　次の運動の楽しさや喜びに触れ，その行い方を知るとともに，体を動かす心地よさを味わったり，基本的な動きを身に付けたりすること。

ア　体ほぐしの運動では，手軽な運動を行い，心と体の変化に気付いたり，みんなで関わり合ったりすること。

イ　多様な動きをつくる運動では，体のバランスをとる動き，体を移動する動き，用具を操作する動き，力試しの動きをし，それらを組み合わせること。

(2)　自己の課題を見付け，その解決のための活動を工夫するとともに，考えたことを友達に伝えること。

(3)　運動に進んで取り組み，きまりを守り誰とでも仲よく運動をしたり，友達の考えを認めたり，場や用具の安全に気を付けたりすること。

B　器械運動

器械運動について，次の事項を身に付けることができるよう指導する。

(1)　次の運動の楽しさや喜びに触れ，その行い方を知るとともに，その技を身に付けること。

ア　マット運動では，回転系や巧技系の基本的な技をすること。

イ　鉄棒運動では，支持系の基本的な技をすること。

ウ　跳び箱運動では，切り返し系や回転系の基本的な技をすること。

(2)　自己の能力に適した課題を見付け，技ができるようになるための活動を工夫するとともに，考えたことを友達に伝えること。

(3)　運動に進んで取り組み，きまりを守り誰とでも仲よく運動をしたり，友達の考えを認めたり，場や器械・器具の安全に気を付けたりすること。

C　走・跳の運動

走・跳の運動について，次の事項を身に付けることができるよう指導する。

(1)　次の運動の楽しさや喜びに触れ，その行い方を知るとともに，その動きを身に付けること。

ア　かけっこ・リレーでは，調子よく走ったりバトンの受渡しをしたりすること。

イ　小型ハードル走では，小型ハードルを調子よく走り越えること。

ウ　幅跳びでは，短い助走から踏み切って跳ぶこと。

エ　高跳びでは，短い助走から踏み切って跳ぶこと。

(2)　自己の能力に適した課題を見付け，動きを身に付けるための活動や競争の仕方を工夫するとともに，考えたことを友達に伝えること。

(3)　運動に進んで取り組み，きまりを守り誰とでも仲よく運動をしたり，勝敗を受け入れたり，友達の考えを認めたり，場や用具の安全に気を付けたりすること。

D　水泳運動

水泳運動について，次の事項を身に付けることができるよう指導する。

(1)　次の運動の楽しさや喜びに触れ，その行い方を知るとともに，その動きを身に付けること。

ア　浮いて進む運動では，け伸びや初歩的な泳ぎをすること。

イ　もぐる・浮く運動では，息を止めたり吐いたりしながら，いろいろなもぐり方や浮き方をすること。

(2)　自己の能力に適した課題を見付け，水の中での動きを身に付けるための活動を工夫するとともに，考えたことを友達に伝えること。

(3)　運動に進んで取り組み，きまりを守り誰とでも仲よく運動をしたり，友達の考えを認めたり，水泳運動の心得を守って安全に気を付けたりすること。

E　ゲーム

ゲームについて，次の事項を身に付けることができるよう指導する。

(1)　次の運動の楽しさや喜びに触れ，その行い方を知るとともに，易しいゲームをすること。

ア　ゴール型ゲームでは，基本的なボール操作とボールを持たないときの動きによって，易しいゲームをすること。

イ　ネット型ゲームでは，基本的なボール操作とボールを操作できる位置に体を移動する動きによって，易しいゲームをすること。

ウ　ベースボール型ゲームでは，蹴る，打つ，捕る，投げるなどのボール操作と得点をとったり防いだりする動きによって，易しいゲームをすること。

(2)　規則を工夫したり，ゲームの型に応じた簡単な作戦を選んだりするとともに，考えたことを友達に伝えること。

(3)　運動に進んで取り組み，規則を守り誰とでも仲よく運動をしたり，勝敗を受け入れたり，友達の考えを認めたり，場や用具の安全に気を付けたりすること。

F　表現運動

表現運動について，次の事項を身に付けることができるよう指導する。

(1)　次の運動の楽しさや喜びに触れ，その行い方を知るとともに，表したい感じを表現したりリズムに乗ったりして踊ること。

ア　表現では，身近な生活などの題材からその主な特徴を捉え，表したい感じをひと流れの動きで踊ること。

イ　リズムダンスでは，軽快なリズムに乗って全身で踊ること。

(2)　自己の能力に適した課題を見付け，題材やリズムの特徴を捉えた踊り方や交流の仕方を工夫するとともに，考えたことを友達に伝えること。

(3)　運動に進んで取り組み，誰とでも仲よく踊ったり，友達の動きや考えを認めたり，場の安全に気を付けたりすること。

G　保健

(1)　健康な生活について，課題を見付け，その解決を目指した活動を通して，次の事項を身に付けることができるよう指導する。

ア　健康な生活について理解すること。

(ｱ)　心や体の調子がよいなどの健康の状態は，主体の要因や周囲の環境の要因が関わっていること。

(ｲ)　毎日を健康に過ごすには，運動，食事，休養及び睡眠の調和のとれた生活を続けること，また，体の清潔を保つことなどが必要であること。

(ｳ)　毎日を健康に過ごすには，明るさの調節，換気などの生活環境を整えることなどが必要であること。

イ　健康な生活について課題を見付け，その解決に向けて考え，それを表現すること。

⑵　体の発育・発達について，課題を見付け，その解決を目指した活動を通して，次の事項を身に付けることができるよう指導する。

ア　体の発育・発達について理解すること。

㋐　体は，年齢に伴って変化すること。また，体の発育・発達には，個人差があること。

㋑　体は，思春期になると次第に大人の体に近づき，体つきが変わったり，初経，精通などが起こったりすること。また，異性への関心が芽生えること。

㋒　体をよりよく発育・発達させるには，適切な運動，食事，休養及び睡眠が必要であること。

イ　体がよりよく発育・発達するために，課題を見付け，その解決に向けて考え，それを表現すること。

3　内容の取扱い

⑴　内容の「A体つくり運動」については，2学年間にわたって指導するものとする。

⑵　内容の「C走・跳の運動」については，児童の実態に応じて投の運動を加えて指導することができる。

⑶　内容の「Eゲーム」の⑴のアについては，味方チームと相手チームが入り交じって得点を取り合うゲーム及び陣地を取り合うゲームを取り扱うものとする。

⑷　内容の「F表現運動」の⑴については，学校や地域の実態に応じてフォークダンスを加えて指導することができる。

⑸　内容の「G保健」については，⑴を第3学年，⑵を第4学年で指導するものとする。

⑹　内容の「G保健」の⑴については，学校でも，健康診断や学校給食など様々な活動が行われていることについて触れるものとする。

⑺　内容の「G保健」の⑵については，自分と他の人では発育・発達などに違いがあることに気付き，それらを肯定的に受け止めることが大切であることについて触れるものとする。

⑻　各領域の各内容については，運動と健康が密接に関連していることについての具体的な考えがもてるよう指導すること。

〔第5学年及び第6学年〕

1　目　標

⑴　各種の運動の楽しさや喜びを味わい，その行い方及び心の健康やけがの防止，病気の予防について理解するとともに，各種の運動の特性に応じた基本的な技能及び健康で安全な生活を営むための技能を身に付けるようにする。

⑵　自己やグループの運動の課題や身近な健康に関わる課題を見付け，その解決のための方法や活動を工夫するとともに，自己や仲間の考えたことを他者に伝える力を養う。

⑶　各種の運動に積極的に取り組み，約束を守り助け合って運動をしたり，仲間の考えや取組を認めたり，場や用具の安全に留意したりし，自己の最善を尽くして運動をする態度を養う。また，健康・安全の大切さに気付き，自己の健康の保持増進や回復に進んで取り組む態度を養う。

2　内　容

A　体つくり運動

体つくり運動について，次の事項を身に付けることができるよう指導する。

⑴　次の運動の楽しさや喜びを味わい，その行い方を理解するとともに，体を動かす心地よさを味わったり，体の動きを高めたりすること。

ア　体ほぐしの運動では，手軽な運動を行い，心と体との関係に気付いたり，仲間と関わり合ったりすること。

イ　体の動きを高める運動では，ねらいに応じて，体の柔らかさ，巧みな動き，力強い動き，動きを持続する能力を高めるための運動をすること。

⑵　自己の体の状態や体力に応じて，運動の行い方を工夫するとともに，自己や仲間の考えたことを他者に伝えること。

⑶　運動に積極的に取り組み，約束を守り助け合って運動をしたり，仲間の考えや取組を認めたり，場や用具の安全に気を配ったりすること。

B　器械運動

器械運動について，次の事項を身に付けることができるよう指導する。

⑴　次の運動の楽しさや喜びを味わい，その行い方を理解するとともに，その技を身に付けること。

ア　マット運動では，回転系や巧技系の基本的な技を安定して行ったり，その発展技を行ったり，それらを繰り返したり組み合わせたりすること。

イ　鉄棒運動では，支持系の基本的な技を安定して行ったり，その発展技を行ったり，それらを繰り返したり組み合わせたりすること。

ウ　跳び箱運動では，切り返し系や回転系の基本的な技を安定して行ったり，その発展技を行ったりすること。

⑵　自己の能力に適した課題の解決の仕方や技の組み合わせ方を工夫するとともに，自己や仲間の考えたことを他者に伝えること

と。

⑶　運動に積極的に取り組み，約束を守り助け合って運動をしたり，仲間の考えや取組を認めたり，場や器械・器具の安全に気を配ったりすること。

C　陸上運動

陸上運動について，次の事項を身に付けることができるよう指導する。

⑴　次の運動の楽しさや喜びを味わい，その行い方を理解するとともに，その技能を身に付けること。

ア　短距離走・リレーでは，一定の距離を全力で走ったり，滑らかなバトンの受渡しをしたりすること。

イ　ハードル走では，ハードルをリズミカルに走り越えること。

ウ　走り幅跳びでは，リズミカルな助走から踏み切って跳ぶこと。

エ　走り高跳びでは，リズミカルな助走から踏み切って跳ぶこと。

⑵　自己の能力に適した課題の解決の仕方，競争や記録への挑戦の仕方を工夫するとともに，自己や仲間の考えたことを他者に伝えること。

⑶　運動に積極的に取り組み，約束を守り助け合って運動をしたり，勝敗を受け入れたり，仲間の考えや取組を認めたり，場や用具の安全に気を配ったりすること。

D　水泳運動

水泳運動について，次の事項を身に付けることができるよう指導する。

⑴　次の運動の楽しさや喜びを味わい，その行い方を理解するとともに，その技能を身に付けること。

ア　クロールでは，手や足の動きに呼吸を合わせて続けて長く泳ぐこと。

イ　平泳ぎでは，手や足の動きに呼吸を合わせて続けて長く泳ぐこと。

ウ　安全確保につながる運動では，背浮きや浮き沈みをしながら続けて長く浮くこと。

⑵　自己の能力に適した課題の解決の仕方や記録への挑戦の仕方を工夫するとともに，自己や仲間の考えたことを他者に伝えること。

⑶　運動に積極的に取り組み，約束を守り助け合って運動をしたり，仲間の考えや取組を認めたり，水泳運動の心得を守って安全に気を配ったりすること。

E　ボール運動

ボール運動について，次の事項を身に付けることができるよう指導する。

⑴　次の運動の楽しさや喜びを味わい，その行い方を理解するとともに，その技能を身に付け，

簡易化されたゲームをすること。

ア　ゴール型では，ボール操作とボールを持たないときの動きによって，簡易化されたゲームをすること。

イ　ネット型では，個人やチームによる攻撃と守備によって，簡易化されたゲームをすること。

ウ　ベースボール型では，ボールを打つ攻撃と隊形をとった守備によって，簡易化されたゲームをすること。

⑵　ルールを工夫したり，自己やチームの特徴に応じた作戦を選んだりするとともに，自己や仲間の考えたことを他者に伝えること。

⑶　運動に積極的に取り組み，ルールを守り助け合って運動をしたり，勝敗を受け入れたり，仲間の考えや取組を認めたり，場や用具の安全に気を配ったりすること。

F　表現運動

表現運動について，次の事項を身に付けることができるよう指導する。

⑴　次の運動の楽しさや喜びを味わい，その行い方を理解するとともに，表したい感じを表現したり踊りで交流したりすること。

ア　表現では，いろいろな題材からそれらの主な特徴を捉え，表したい感じをひと流れの動きで即興的に踊ったり，簡単なひとまとまりの動きにして踊ったりすること。

イ　フォークダンスでは，日本の民踊（よう）や外国の踊りから，それらの踊り方の特徴を捉え，音楽に合わせて簡単なステップや動きで踊ること。

⑵　自己やグループの課題の解決に向けて，表したい内容や踊りの特徴を捉えた練習や発表・交流の仕方を工夫するとともに，自己や仲間の考えたことを他者に伝えること。

⑶　運動に積極的に取り組み，互いのよさを認め合い助け合って踊ったり，場の安全に気を配ったりすること。

G　保健

⑴　心の健康について，課題を見付け，その解決を目指した活動を通して，次の事項を身に付けることができるよう指導する。

ア　心の発達及び不安や悩みへの対処について理解するとともに，簡単な対処をすること。

㋐　心は，いろいろな生活経験を通して，年齢に伴って発達すること。

㋑　心と体には，密接な関係があること。

㋒　不安や悩みへの対処には，大人や友達に相談する，仲間と遊ぶ，運動をするなどいろいろな方法があること。

イ　心の健康について，課題を見付け，その解決に向けて思考し判断するとともに，それらを表現すること。

(2)　けがの防止について，課題を見付け，その解決を目指した活動を通して，次の事項を身に付けることができるよう指導する。

ア　けがの防止に関する次の事項を理解するとともに，けがなどの簡単な手当をすること。

(ア)　交通事故や身の回りの生活の危険が原因となって起こるけがの防止には，周囲の危険に気付くこと，的確な判断の下に安全に行動すること，環境を安全に整えることが必要であること。

(イ)　けがなどの簡単な手当は，速やかに行う必要があること。

イ　けがを防止するために，危険の予測や回避の方法を考え，それらを表現すること。

(3)　病気の予防について，課題を見付け，その解決を目指した活動を通して，次の事項を身に付けることができるよう指導する。

ア　病気の予防について理解すること。

(ア)　病気は，病原体，体の抵抗力，生活行動，環境が関わりあって起こること。

(イ)　病原体が主な要因となって起こる病気の予防には，病原体が体に入るのを防ぐことや病原体に対する体の抵抗力を高めることが必要であること。

(ウ)　生活習慣病など生活行動が主な要因となって起こる病気の予防には，適切な運動，栄養の偏りのない食事をとること，口腔（くう）の衛生を保つことなど，望ましい生活習慣を身に付ける必要があること。

(エ)　喫煙，飲酒，薬物乱用などの行為は，健康を損なう原因となること。

(オ)　地域では，保健に関わる様々な活動が行われていること。

イ　病気を予防するために，課題を見付け，その解決に向けて思考し判断するとともに，それらを表現すること。

3　内容の取扱い

(1)　内容の「A体つくり運動」については，2学年間にわたって指導するものとする。また，(1)のイについては，体の柔らかさ及び巧みな動きを高めることに重点を置いて指導するものとする。その際，音楽に合わせて運動をするなどの工夫を図ること。

⑵　内容の「A体つくり運動」の⑴のアと「G保健」の⑴のアの㋒については，相互の関連を図って指導するものとする。

⑶　内容の「C陸上運動」については，児童の実態に応じて，投の運動を加えて指導することができる。

⑷　内容の「D水泳運動」の⑴のア及びイについては，水中からのスタートを指導するものとする。また，学校の実態に応じて背泳ぎを加えて指導することができる。

⑸　内容の「Eボール運動」の⑴については，アはバスケットボール及びサッカーを，イはソフトバレーボールを，ウはソフトボールを主として取り扱うものとするが，これらに替えてハンドボール，タグラグビー，フラッグフットボールなどア，イ及びウの型に応じたその他のボール運動を指導することもできるものとする。なお，学校の実態に応じてウは取り扱わないことができる。

⑹　内容の「F表現運動」の⑴については，学校や地域の実態に応じてリズムダンスを加えて指導することができる。

⑺　内容の「G保健」については，⑴及び⑵を第5学年，⑶を第6学年で指導するものとする。また，けがや病気からの回復についても触れるものとする。

⑻　内容の「G保健」の⑶のアの㋓の薬物については，有機溶剤の心身への影響を中心に取り扱うものとする。また，覚醒剤等についても触れるものとする。

⑼　各領域の各内容については，運動領域と保健領域との関連を図る指導に留意すること。

第3　指導計画の作成と内容の取扱い

1　指導計画の作成に当たっては，次の事項に配慮するものとする。

⑴　単元など内容や時間のまとまりを見通して，その中で育む資質・能力の育成に向けて，児童の主体的・対話的で深い学びの実現を図るようにすること。その際，体育や保健の見方・考え方を働かせ，運動や健康についての自己の課題を見付け，その解決のための活動を選んだり工夫したりする活動の充実を図ること。また，運動の楽しさや喜びを味わったり，健康の大切さを実感したりすることができるよう留意すること。

⑵　一部の領域の指導に偏ることのないよう授業時数を配当すること。

⑶　第2の第3学年及び第4学年の内容の「G保健」に配当する授業時数は，2学年間で8単位時間程度，また，第2の第5学年及び第6学年の内容の「G保健」に配当する授業時数は，2

学年間で16単位時間程度とすること。

(4)　第2の第3学年及び第4学年の内容の「G保健」並びに第5学年及び第6学年の内容の「G保健」(以下「保健」という。)については，効果的な学習が行われるよう適切な時期に，ある程度まとまった時間を配当すること。

(5)　低学年においては，第1章総則の第2の4の(1)を踏まえ，他教科等との関連を積極的に図り，指導の効果を高めるようにするとともに，幼稚園教育要領等に示す幼児期の終わりまでに育ってほしい姿との関連を考慮すること。特に，小学校入学当初においては，生活科を中心とした合科的・関連的な指導や，弾力的な時間割の設定を行うなどの工夫をすること。

(6)　障害のある児童などについては，学習活動を行う場合に生じる困難さに応じた指導内容や指導方法の工夫を計画的，組織的に行うこと。

(7)　第1章総則の第1の2の(2)に示す道徳教育の目標に基づき，道徳科などとの関連を考慮しながら，第3章特別の教科道徳の第2に示す内容について，体育科の特質に応じて適切な指導をすること。

2　第2の内容の取扱いについては，次の事項に配慮するものとする。

(1)　学校や地域の実態を考慮するとともに，個々の児童の運動経験や技能の程度などに応じた指導や児童自らが運動の課題の解決を目指す活動を行えるよう工夫すること。特に，運動を苦手と感じている児童や，運動に意欲的に取り組まない児童への指導を工夫するとともに，障害のある児童などへの指導の際には，周りの児童が様々な特性を尊重するよう指導すること。

(2)　筋道を立てて練習や作戦について話し合うことや，身近な健康の保持増進について話し合うことなど，コミュニケーション能力や論理的な思考力の育成を促すための言語活動を積極的に行うことに留意すること。

(3)　第2の内容の指導に当たっては，コンピュータや情報通信ネットワークなどの情報手段を積極的に活用し，各領域の特質に応じた学習活動を行うことができるように工夫すること。その際，情報機器の基本的な操作についても，内容に応じて取り扱うこと。

(4)　運動領域におけるスポーツとの多様な関わり方や保健領域の指導については，具体的な体験を伴う学習を取り入れるよう工夫すること。

(5)　第2の内容の「A体つくりの運動遊び」及び「A体つくり運

動」の(1)のアについては，各学年の各領域においてもその趣旨を生かした指導ができること。

(6) 第2の内容の「D水遊び」及び「D水泳運動」の指導については，適切な水泳場の確保が困難な場合にはこれらを取り扱わないことができるが，これらの心得については，必ず取り上げること。

(7) オリンピック・パラリンピックに関する指導として，フェアなプレイを大切にするなど，児童の発達の段階に応じて，各種の運動を通してスポーツの意義や価値等に触れることができるようにすること。

(8) 集合，整頓（とん），列の増減などの行動の仕方を身に付け，能率的で安全な集団としての行動ができるようにするための指導については，第2の内容の「A体つくりの運動遊び」及び「A体つくり運動」をはじめとして，各学年の各領域（保健を除く。）において適切に行うこと。

(9) 自然との関わりの深い雪遊び，氷上遊び，スキー，スケート，水辺活動などの指導については，学校や地域の実態に応じて積極的に行うことに留意すること。

(10) 保健の内容のうち運動，食事，休養及び睡眠については，食育の観点も踏まえつつ，健康的な生活習慣の形成に結び付くよう配慮するとともに，保健を除く第3学年以上の各領域及び学校給食に関する指導においても関連した指導を行うようにすること。

(11) 保健の指導に当たっては，健康に関心をもてるようにし，健康に関する課題を解決する学習活動を取り入れるなどの指導方法の工夫を行うこと。

編者・執筆者一覧

●編　者

岡出　美則（日本体育大学教授）

●執筆者

菅原　健次（日本学校体育研究連合会理事）　1章

濱田　　哲（東京都台東区立千束小学校主幹教諭）　1章

小島　大樹（東京都調布市立第三小学校指導教諭）　2章1節

吉川　則久（東京都奥多摩町立古里小学校主幹教諭）　2章2節

岩田　純一（東京都墨田区立業平小学校指導教諭）
2章3節体つくり，3章体つくり

難波　誠二（東京都台東区立大正小学校副校長）
2章3節器械，3章器械

西島　秀一（東京都世田谷区立松原小学校主任教諭）
2章3節陸上，3章陸上

前村　章太（東京都台東区立根岸小学校主幹教諭）
2章3節水泳，3章水泳

青木　大輔（東京都葛飾区立南奥戸小学校主幹教諭）
2章3節ボール，3章ボール

両角　知子（東京都八王子市立第五小学校主任教諭）
2章3節表現，3章表現

平　　武志（東京都台東区立根岸小学校主幹教諭）
2章3節保健，3章保健

武田千恵子（東京都足立区立足立小学校主任教諭）　2章4節・5節

関口　亮治（東京都千代田区立お茶の水小学校主幹教諭）　2章6節

内木　　勉（東京都練馬区立大泉北小学校校長）　4章

［掲載順／職名は執筆時現在］

●編著者プロフィール

岡出美則（おかで・よしのり）

日本体育大学教授

三重県生まれ。奈良県で小学校教員として勤務の後，愛知教育大学，筑波大学を経て，現在，日本体育大学に勤務。日本体育科教育学会会長。専門は，体育科教育学。体育のカリキュラム研究を中心に研究を進めてきた。現在，カンボジア，ミャンマー並びにボスニア・ヘルツェゴビナの体育のカリキュラム開発に関わっている。

平成29年改訂

小学校教育課程実践講座

体　育

2018年２月15日　第１刷発行

編　著　**岡出美則**

発　行　株式会社ぎょうせい

〒136-8575　東京都江東区新木場1-18-11
電　話　編集　03-6892-6508
　　　　営業　03-6892-6666
フリーコール　0120-953-431
URL：https://gyosei.jp

〈検印省略〉

印刷　ぎょうせいデジタル株式会社

乱丁・落丁本は，送料小社負担にてお取り替えいたします。

ISBN978-4-324-10311-1（3100534-01-010）［略号：29小課程（体）］